高情商谈判术

一开口就能制胜

王 帅／著

SPM
南方出版传媒
广东人民出版社
·广州·

图书在版编目（CIP）数据

高情商谈判术：一开口就能制胜 / 王帅著. — 广州：广东人民出版社, 2019.7
ISBN 978-7-218-13695-0

Ⅰ.①高… Ⅱ.①王… Ⅲ.①谈判学 Ⅳ.①C912.35

中国版本图书馆CIP数据核字(2019)第136937号

GAOQINGSHANG TANPANSHU: YI KAIKOU JIUNENG ZHISHENG
高情商谈判术：一开口就能制胜
王 帅 著

出 版 人：肖风华

责任编辑：李锐锋　冼惠仪
装帧设计：陈宝玉
封面设计：蓝美华

统　　筹：广东人民出版社中山出版有限公司
执　　行：王　忠
地　　址：中山市中山五路 1 号中山日报社 8 楼（邮编：528403）
电　　话：（0760）89882926　　（0760）89882925

出版发行：广东人民出版社
地　　址：广东省广州市海珠区新港西路204号2号楼（邮编：510300）
电　　话：（020）85716809（总编室）
传　　真：（020）85716872
网　　址：http://www.gdpph.com
印　　刷：广东信源彩色印务有限公司
开　　本：787mm×1092mm　1/32
印　　张：6.25　字　　数：110千
版　　次：2019年7月第1版　2019年7月第1次印刷
定　　价：42.80元

如发现印装质量问题影响阅读，请与出版社（0760-89882925）联系调换。
售书热线：（0760）88367862　邮购：（0760）89882925

懂得运用情商，才能游刃于各种谈判场合

　　无论是日常生活还是职场，谈判无处不在，大到政府谈判、企业谈判，小到职场沟通、居家生活。可以说，我们无时无刻不在跟人交涉、与人沟通。

　　谈判是一门学问，也是一门考验情商的说话艺术。谈判需要综合运用语言学、心理学、财务、管理、技术等各方面知识。混迹职场，必须掌握必要的谈判技巧，才能让我们在铺满荆棘的职场道路上走得更好、更远。只有掌握高情商的谈判术，才能让我们在谈判桌上一开口就赢得主动权，让对方真诚接受，让谈判无往不利。

　　在实际工作中，最具普遍性的工种可能就是销售。销售人员往往也是运用谈判技巧最多的人群，虽然销售工作对于学历、专业等方面的要求相对比较宽松，但并不是没有门槛。不管哪个行业，只要投身职场，一名优秀的职场人就必须具备机智、顽强、大胆、高情商等素质。

同样，在职场中，不具备高情商，就无法言简意赅地表达自己的观点并一语中的；在谈判场上，没有高情商，哪怕有再多数据和内容支撑，只要不能在短时间内说别人想听的、别人听得懂的，就会被拒于千里之外。

其实，我们大部分人的智商是差不多的，都属于中等水平，倒是情商各异。有的人事业经常陷入低谷，谈判无法开展；而有的人总是善于谈判，赢得好业绩，职业晋升快。

实际上，谈判的工作就是如何说和如何做的问题。到底说什么、怎么说、以什么态度去说，客户才愿意接受？这里面就涉及情商的培养和表达技巧的提升。

有的人说话、做事，总能让大家感到舒服，大家也非常乐于与之相处。这一类人，我们可以称为高情商人士。而有的人说话、做事，总让周围的人感觉到反感、不舒服，甚至尴尬，大家恨不得离他远远的。这一类人，就是明显的低情商人士。

其实，谈判就是与对方沟通交流，最后达成合作关系的过程。在这个过程中，一方需要使出浑身解数，千方百计引导对方顺着自己的思路走，以达成合作。但对方也并不会被动接受、全盘接受，他们可能会在谈判过程中提出各种各样的问题，甚至责难和质疑。这时，巧妙地使用谈判技巧，说进对方的心坎，方能在这场博弈中赢得漂亮。

谈判是职场中最常见的沟通场景，而决定谈判结果的关键因素是情绪的控制表达以及个人的情商高低。只有管理好情绪，运用好情商，才能轻松赢得谈判。

　　本书专为职场新人打造，针对多种常见谈判套路，为沟通菜鸟推荐了多个有效的高情商谈判制胜秘诀，囊括多个实用谈判案例和应对困境的谈判策略，旨在帮助职场新人提高情商，学会派得上用场的实用性沟通技巧，破解套路，掌握博弈中的主动权，赢得出色！

目
录

第一章

知己知彼，不打没有准备的仗

谈判之前，打造过硬的自身素质

在我国几千年波澜壮阔的历史进程中，许多重大历史事件无不体现着谈判者高超的谈判智慧和令人赞叹的谈判技巧，例如古代苏秦、张仪合纵连横；晏子使楚，不辱使命；蔺相如完璧归赵等。周恩来的外交才华、陈毅的幽默风趣，他们的个人形象和谈判风格都给我们留下了深刻的印象。

弗雷斯·查尔斯·艾克尔在《国家如何进行谈判》中指出："一个合格的谈判家，应该心智机敏，有无限的耐心。能巧言掩饰，但不欺诈行骗；能取信于人，但不轻信于人；能谦恭节制，但又刚毅果敢；能施展魅力，但不为他人所惑；能拥有巨富，藏娇妻，但不为钱财和女色所动。"

美国谈判大师卡洛斯经过调查分析，把谈判该具备的五个最重要特征概括为：准备和筹划的技巧、谈判将要涉及的知识、在遇到压力和不确定事件时保持思路清晰和敏捷的能力、善用语言表达想法的能力、听取陈述的能力。可见，要进入谈判领域，必须先打造过硬的自身素质。

职场谈判是一种复杂多变的、涉及多方利益的经济活动，它不仅要求谈判者具有广博的横向知识，而且要求谈判者有纵深的专业知识。一名高情商谈判者，不仅需要有一定的理论知识，更需要有丰富的谈判经验，因此，经验的积累十分重要，不仅要向成功的谈判学习，更要从失败的谈判中吸取教训、总结经验。只有这样，才能不断提高自身素质，在实践中不断完善。

那么，要成为一名合格的专业谈判者，该提高和增强哪些方面的整体素质？

1. 有广博的综合知识

合格的谈判者不仅要有较强的专业知识，而且需要掌握多方面的综合常识。平时，可以多看书、多浏览网站、多留意行业最新动态、多关注新闻动向等，以积累自己的综合知识，以便在应对谈判时，可以作为自己观点的论证材料，更容易说服对方。

2. 忠于职守，懂得团队协作

谈判者必须要有高度的责任心和事业心，自觉围护企业利益。同时，优秀的谈判者一旦坐到谈判桌前，就能做到彼此尊重，并在此基础上展开智勇较量。善于利用团队优势，有良好的团队协作意识，发挥团队成员的特长，也是谈判者必备的素质和理念。

3. 能观察判断、随机应变

谈判者不仅要善于察言观色，还要具备对所见所闻作出正确分析和判断的能力。观察判断、随机应变，是商务谈判中了解对方真实谈判意图的主要途径。

一次，杨澜在广州天河体育中心主持大型文艺晚会。节目进行到中途，她在下台阶时不小心摔了下来。正当观众对这种意外情况感到吃惊时，她从容地站起来，诙谐地说："真是人有失足、马有失蹄啊！刚才我这个狮子滚绣球的表演还不太到位，看来，我这次表演的台阶还不太好下。不过，台上的表演比我精彩得多。不信，你看他们！"

观众听到她略带自嘲的即兴发挥，忍不住大笑起来。这样，杨澜就巧妙地把观众的注意力重新吸引到了台上。

4. 善于表达、巧妙应答

成功的谈判都是谈判双方出色运用语言艺术的结果。谈判重在"谈"，谈判的过程也就是谈话的过程，得体的语言表达能力是谈判成功的有利条件。在谈判中，具有良好的逻辑思维能力、清晰的语言表达能力，在谈话中保持自己应有的风度，才能在对话中掌握主动权。

因此，谈判者必须能娴熟地驾驭语言表达，有动人的口才，舌灿莲花，并做到思维清晰、巧妙应答。

5. 有坚定的自信心

法国哲学家卢梭说："自信对于事业简直是奇迹，有了它，你的才智可以取之不竭。一个没有自信心的人，无论他有多大才能，也不会有成功的机会。"充足的自信心是职场谈判者的精神支柱，能让你深陷谈判困境依然能激发出极大的勇气和毅力，勇于面对挑战，在困难面前临危不惧，并以自信的态度和积极进取的精神感染对方、打动对方，促成交易。

然而，自信并不是盲目的自我崇拜，不是超越现实的无根据的自信，而是在自我认知和自我评价基础上建立起来的理性的自信。谈判者要对自己的短处、长处有充分的认识，全面、深入挖掘自己的各个方面，并在谈判桌上积极发挥自我优势。

6. 有顽强的意志和耐力

意志是确定目标并选择手段以克服困难，达成预定心理目标的过程。不同的人有不同的意志和耐力，有的人意志坚定、耐力强，遇到困难百折不挠；有的人意志薄弱、耐力差，害怕困难、畏手畏脚。

商务谈判中会遇到方方面面的阻力，瞬息万变的谈判场合也许会让你来不及反应或压得你喘不过气来。对方的冷嘲热讽、怀疑、奚落、拒绝、拖拉等，都在考验你的意志和耐力。要知道，没有一次谈判不是靠顽强的意志和耐力去取胜的。这时就要锻炼自己的意志和耐力，正确看待谈判过程中的各种困难，以坚强的毅力"熬"下去。

7. 有稳定的情绪

无力的讨价还价，也许会让你懊恼；对方接二连三的进攻，让你感到恐惧；眼看交易快成功却又告吹，让你只能叹息；对方无故的嘲讽，让你备受煎熬。在谈判时，遇到对方的质疑、严厉苛责、嘲讽等都是再正常不过的。这些情绪的波动是正常反应，但必须沉着应对，努力克服消极、浮躁的情绪，让自己保持稳定的思绪去冷静分析下一步的对策。

8. 善于倾听和分析

有效的倾听可以获得大量有利于己方的信息，了解对方需求，找到问题的突破点，并增加谈判筹码。因此，善于倾听和分析对谈判局势有利的信息，也是必备的素质之一。可以鼓励对方多说，而你多听，以获取更多宝贵信息。

9. 有强大的心理承受能力

高情商的谈判高手，一般有宽广大度的胸襟和心理承受能力，在顺境时不骄不躁，在逆境时保持良好的进取心。遇到对方不满时，能以笑相迎，驱散对方的不满情绪；遇到对方严厉拒绝时，能往大格局思考，继续分析对策；甚至当对方侮辱自己时，不以牙还牙，而是宽大为怀，用巧妙的智慧灵活应对处理。

10. 懂得谈判礼节

任何行业都有一定的礼仪规范。在谈判中，礼仪礼节作为交际规范，是对客人表示尊重，也是谈判人员必备的基本素养。在谈判桌上，一个彬彬有礼、举止得体的谈判者，往往能给人带来赏心悦目的感觉，为谈判营造一种友好融洽的气氛。

提升形象气质，获得心理优势

研究表明，在一次商务谈判中，如果你的外在形象比较好，获得成功的概率就会提高 50%，其次才是沟通能力以及内在修养。

以前人们总觉得外在形象不重要，内在的修养才最重要。然而在现在这个时代，越来越多的人内外兼修、才貌双全，因此人们对形象的要求越来越高。如果在职场中不注意形象，就会无形中给自己减分。

随着社会的发展，个人形象的包装已不再是明星的"专利"，普通职场人对自己的形象也越来越重视，好的形象可以提升一个人的自信，对个人的求职、工作、晋升和社交都起着至关重要的作用。

有人说，职场形象决定职场命运。这一点也没有错。在这个越来越追求形象化的社会，一个人，尤其是职场人的形象将可能左右其职业生涯发展前景，甚至直接影响到职业成败。

俗话说："人靠衣装，马靠鞍。"拥有良好的、鲜明的职业形象，有助于在谈判场合提升自己的心理优势，增强自信心，并赢得对方的尊重。一个人的仪表仪态展示给别人的，其实不仅仅是外表，还反映出一个人的内在素质。那么，在职场中，该如何打造符合个人气质的职业形象呢？

在着装方面，要考虑不同的场合、不同的身份、自身特点等。在职场中，要把营造职业感的形象放在第一位，把美丽、帅气放在第二位。这是职场打扮的基本法则，打扮目标应该是知性的、专业的、有品质感的、时尚的、稳重的，等等。一切都有"度"的把握。

1. 着装要与所在环境相协调

置身于不同的环境、场合中，就必须要有不同的着装，尽量与周围环境保持和谐。比如，在办公室工作就需要穿着正规的职业装或工作服。参加喜庆的场合，如婚礼、纪念日等可以穿着时尚、鲜亮、明快的服装等。当然，在谈判桌上，应尽量穿着正式的职业装，最好是深色系的服装，体现高雅、端庄、稳重的感觉。

2. 着装要和自身特点相协调

提前了解自身的缺点和优点，尽量用服饰搭配来达到扬长避短的目的。所谓"扬长避短"，重在"避短"。比如身材矮小的，适合穿造型简洁明快的服饰；肤色白净的，适合穿各色服装；肤色偏黑或发红的，切忌穿深色服装等。当然，面对谈判场合，尽量选择简洁、不拖沓的服装搭配，能显示出潇洒干练的气质。

在妆容方面，则有男性、女性之分。除了头发以外，面部的妆容在个人形象中也占据很大一部分比例，毕竟在职场，人们看得最多的还是你的脸。

第一，男性妆容应简单、整洁。男性的面部妆容相对简单，但也需要适当护理。例如，如果男性的眉毛过浓过粗，可以定期到美容院进行修理；鼻毛较长的男性也要注意修剪，胡子也要定期修理，否则会给人一种很邋遢的感觉；皮肤干燥、嘴唇干裂的男性应注意护唇。这样注重细节的男性，往往能在谈判中为自己的形象加分。

第二，女性妆容应淡雅、年轻。面对一场谈判，建议化一点淡淡的妆，这不仅是对自己的一种尊重，也是对他人的一种尊重。切忌浓妆艳抹，不要使用色彩太过鲜亮的产品，颜色搭配要合理。比如，眼影、唇彩和指甲油的颜色最好保持一个色系，并根据自己的皮肤特点来选择。

当然，在职业形象的打造上，有一些事项需要特别注意的，尤其在商务谈判中，如以下四忌：

（1）忌过于鲜艳

着装过于鲜艳是指商务人员在正式场合的着装色彩较为繁

杂，过分鲜艳，如衣服图案过分复杂等问题。

（2）忌过于杂乱

着装打扮过于杂乱是指不按照正式场合的规范化要求着装。杂乱的着装极易给人留下不良的印象，容易使谈判客户对企业的规范化程度产生担忧。

（3）忌过于暴露

在正式的谈判场合，身体的某些部位是不适宜暴露的，比如胸部、肩部、大腿。

（4）忌过于透视

在正式的谈判沟通中，着装过分透视会对别人有失尊重，有失敬于对方的嫌疑。

这是一个两分钟的世界，你只有一分钟展示你是谁，另一分钟让别人喜欢你，只有留给人们好的第一印象，你才能开始第二步。要想先进入对方的眼，就得在职业形象的打造上下足功夫。没有自信，就妄想成功。个人的职业形象也如影视角色，需要精心策划。在人生不同阶段的职业生涯里，要为每一个完全不同的职业形象做足准备，才不会因形象而败在职场。

当然，职业形象需要与你的职业紧密结合，而其中最重要的是要体现出你在职业领域的专业性。任何使你显得不够专业化的形象，都会让人认为你不适合你的职业。因此，在谈判前，请先提升你的个人气质，打造出符合你个人身份、性格特点的职业形象，增强职业自信，为下一场成功的谈判赢得心理优势。

做好情报收集，化被动为主动

"知己知彼，百战不殆。"谈判前要花足够多的时间做准备工作，做好准备工作，等于取得胜利的一半。在谈判中起重要作用的因素不仅需要谈判者的口才、素质、实力、地位，更重要的是对对方相关情报的掌握程度。

情报信息，对职场谈判而言至关重要。掌握了足够的情报信息，即掌握了谈判成功的钥匙。而掌握的信息充分与否，也会直接影响谈判表达的说服力。假如情报信息是错误或者有所出入的，就会使自己陷入被动、尴尬的状态，甚至容易被对方牵着鼻子走，让谈判陷入混战。将正确、权威、有效的情报信息掌握在手，就如胜券在握，能在谈判的适当时机给予对方致命一击，从而有效达到说服对方的目的。

在收集情报信息方面，谈判双方都会竭尽所能，谁能够在谈判中更多地获取对方的"底牌"（情报信息），掌握对方的真实动向，谁就能在谈判中掌握更多主动权。

因此，在谈判前就要收集好对方的基本信息，整理其背景资料，总结双方共同利益点或利益冲突点，明确谈判的焦点和各自现有的筹码。其次，要清楚目前所处的状况和阶段、谈判要达成的目标、谈判底线和原则。

另外，还要预料到谈判中各个关键节点可能出现的意外情况，做好预备方案。同时，制定谈判的最优方案、次优方案以及谈判失败的替代方案等。这些都是需要在谈判开局前做的工作，如此才能做到有的放矢、进退自如。

收集情报信息是一个复杂的、动态的过程，谈判者不仅要学会听话听音，还要学会察言观色，同时要善于从多个角度、多个方面去理解和证实对方的真实含义和意图，不妄自揣测，过早下定论。

1. 从多方面收集基本信息

目前，很多著名企业都设有自己的官网，并在新媒体方面下工夫宣传，有的企业甚至热衷于社会公益方面的宣传，因此，只要在网站上认真搜索，便能收集提取有关谈判方，甚至是谈判人员的具体信息。

在谈判前，要充分了解你的竞争对手：对方的财政能力如何，他们公司的网站是什么样的，产品如何，和同行相比的优劣在哪里。总之，要充分挖掘更多信息去了解谈判对象。

同时，要梳理己方资源：我们的独家卖点是什么，劣势是什么，哪些信息是可以协商的，诸如此类。

在谈判前注重谈判方基本信息的收集，做到胸中成竹，谈判桌上方能得心应手。

2. 就谈判议题本身寻求佐证材料

在谈判之前，可以根据自己谈判的目的对有关情报资料进行准确、迅速的广泛收集，整理分类，如一些实际案例或数据。这些信息可以让你拥有一张王牌，有了这些"佐证材料"，在谈判沟通时就容易说服对方，和对方达成共识，并在适当时候佐证和支撑你自己的谈判观点。

在收集情报信息时，以下忌讳事项也要提前掌握。

（1）不可轻信盲从

不可不信对方的话语，也不可全信对方的言论，对对方的话语要多留一个心眼，多存几个疑问，学会独立看待问题。

（2）不可过早判定对方意图

在谈判前期切不可过早锁定对方的意图，即使是对对方的意图有了一定的了解，也不可将其固化，而应以灵活、巧妙的方式去应对，否则容易掉进对方一早设定的"圈套"中。

（3）不可固执己见

在谈判阶段，切忌过于固执己见、刚愎自用，应多方面听取不同意见，综合好的意见来调整、改善谈判策略，以免使自己陷入尴尬的境地。

谈判战略是为了实现谈判的战略目标而预先制定的一套纲领性总体设想。谈判战略正确与否，在很大程度上决定着谈判的得失成败。一个好的谈判方案应当是战略目标正确可行、适应性强、灵敏度高。这就必须有可靠的大量资料和情报信息作为依据。

在职场谈判中，谁在谈判资料和情报信息上拥有优势，掌握对方的真正需要和谈判的利益界限，谁就有可能制定出正确的谈判战略，在谈判中掌握主动权，赢得先机。

将"讲信用"穿身上，让谈判顺利展开

年轻、财富、学识、阅历，无可厚非，这些都是人生的资本，

但并不是最重要的。人生最重要的资本，其实是信用。信用是一种彼此的约定，更是一种具有约束力的心灵契约。尽管信任是无体无形的，但比任何法律条文都更加具震撼力和约束力。一个没有信用的人，想要跻身成功者的行列，肯定是不可能的。

那些闻名于世的成功者，都是以个人的信用赢得他人尊重的人。因为，他们强而有力的信用，就是其高尚品格的象征。

公元前4世纪，意大利有一个名叫皮斯阿司的年轻人，因触犯国王，被判处绞刑。几天后，他将在规定的日子里被处死。

皮斯阿司是一个大孝子，临死之前，他希望能与远在千里之外的母亲见上最后一面，以表达他对母亲的歉意。他的这一要求最后传到国王耳边。国王当即被他的孝心感动，答应了他回家的条件，但是要求他必须为自己找个替身，暂时替他坐牢。

这是一个看起来简单，但近乎不可能实现的条件。有谁愿意冒着被杀头的危险替别人坐牢呢？这岂不是自寻死路。可是在茫茫人海中，就有不怕死的人，而且还真的愿意替皮斯阿司坐牢。他就是皮斯阿司的朋友达蒙。

　　达蒙住进牢房后，皮斯阿司便回家与母亲诀别。人们都静静地看着事态的发展。日子就这样一天天地过去了，皮斯阿司还没有回来，眼看刑期快到了。

　　这时，人们议论纷纷，都说达蒙上了皮斯阿司的当。

　　行刑这一天是雨天，达蒙被押赴刑场的时候，围观的人都在笑他的愚蠢，幸灾乐祸的也大有人在。刑车上的达蒙则是面无惧色，一副慷慨赴死的样子。

　　追魂炮被点燃了，绞索也已经挂在达蒙的脖子上。胆小的人都吓得紧闭双眼，他们在内心深处为达蒙深深惋惜，而且更加痛恨那个出卖朋友的小人皮斯阿司。

　　可就千钧一发之际，皮斯阿司飞奔而来，高喊着："我回来了！我回来了！"

　　皮斯阿司回来的消息很快传到国王的耳中。国王听后，也以为是谎言，于是决定亲自赶往刑场，要亲眼看一看。最终，国王却万分喜悦地为皮斯阿司松绑了，而且亲口赦免了他的刑罚。

　　在赦免现场，国王当众宣布自己也要以信用立国、以信用治天下的政令，并且宣布任命皮斯阿司为司法大臣，任命达蒙为礼仪大臣，协助治理国家。

这就是讲信用的力量。

当你走在大街上，有一个陌生的声音突然问你："先生，看房吗？""这位女士，您的皮肤可能需要保养。"你怎么能知道他们说的是真是假。生活中充斥着太多难以分辨的假象，人们怎么会盲目相信、照单全收呢？这时，首先讲究的是信誉度，也是前面所说的信用。

现代企业都在讲求诚实守信。身在职场，也要做到讲信用。"言必信，行必果"，在为人处世中，我们将讲信用视为根本原则，才能得到领导的信赖、客户的支持和认同。

在职场中，很多小事能体现一个人是否有信用。信用是可以经营出来的。要想对方相信你，就必须从小事、从细节做起，表现出你的诚意。

对于谈判来说，最重要的就是说服对方理解你、信任你，进而支持你。试想，要和对方展开谈判，首先就要让对方相信你有谈判的诚意，否则谁会愿意浪费这个时间呢？要取得谈判双赢，还需要建立彼此的信任关系，而信任往往建立在你个人的信用度上。

千万不能忽视谈判细节中的信用度，这是在积累你的信誉，也就是建立信任的过程。在这个量的积累中，你的信用度慢慢被经营起来了。

职场是一场马拉松长跑，而讲信用是支撑你跑完全场的根本。每一次不守信，都会让你的职业形象大打折扣。因此，要顺利和对方展开谈判，先建立好讲信用的个人形象，并在各项细节中体现你的诚意。

顺利的谈判都是一场平等交换

有一个 30 岁的未婚男青年曾经这样说："我的另一半应该是在天平的另一边，我有多重，她就会有多重；我有多少价值，她就有多少价值。所以我首先要提高自己的价值，这样才能找到一个同样价值的伴侣。我对另一半的要求就是我对自己的要求。"

这位青年的说法非常形象，表达出了平等的原则。如果一个男人帅气无比、性格和善，而且事业发展极为突出，那么品德败坏的丑女人自然是无法与之相配的。事实正是如此，只有当你成为一个足够优秀的人，才能够去吸引其他优秀的人，无论是伴侣、朋友，还是同事、客户。换句话说，人人都喜欢与自己学识、能力、资源相当的人沟通交流，这是一种平等交换的心理。

人与人之间就是一种交换的关系。结交人脉也应该做到平等交换，例如你把你的好资源奉献给他人，他人才会把自己的好资源与你共享。

但是，在盘点自己的人脉关系之前，先冷静地问问自己：你对别人有用吗？你身上有能够被别人利用的地方吗？如果你身上有很多供人利用的东西，如你有很强的客户资源、很好的表达技巧、很高的学历，那就证明你有价值的；当你越有价值的时候，就越容易建立起强大的人脉关系，拓宽职场交际圈。

1. 提高自身价值

其实，要建立与谈判方对等的基础，起码是平等的资源，这种平等交换侧重的是双方的价值。而决定价值高低的本质，其实是你自己。

例如工作经验和社会阅历比你的同事，往往比其他人早拿下订单；虽和你一同入职，但从名牌大学毕业的他往往更容易获得客户认同；明明你也表达了观点，而他下意识的一些动作就让客户向他倾倒……你心里一定不是滋味，甚至觉得不公平。

没办法，以上谈判的成功，要么建立在谈判者阅历高、学历高的前提下，要么建立在谈判者更会使用肢体语言技巧的基础上。每一次顺利的谈判，必然有背后一些因素在作用，如谈判者的自身价值。

现在是 21 世纪，互联网时代，那个讲出身、讲成分的革命年代早就过去。现在的单位，不管是国有企业还是民营企业，不论是大企业还是小公司，都要讲能力、讲价值。你每次谈判都失败？那并非不平等，而是你没有正确意识到这个问题，并提高自己的谈判资本。

所以，与其埋怨世界不公，还不如好好反省一下，努力增加和积累自己的资源，让对方主动与你开展谈判；努力提升自己的能力，提高谈判资本，让对方无法说服你；努力拓宽职场人脉圈，让对方心甘情愿靠近你，与你平等交换资源。

2. 真诚坦率

但要做到平等交换，前提还要拿出坦率、真诚的态度对待别人。每个人都喜欢与真诚友善、和蔼可亲的人打交道。在谈判桌上，虚伪的行为容易让彼此落入尴尬的窘境，必须以真诚待人，对方才会愿意拿出真态度来面对和你的谈判，否则，公平二字无从谈起。

　　顺利的谈判是一种平等的交换。所以，在与客户谈判中，要平等相待、公平磋商，更不可出言不逊，咄咄逼人。当不能与对方达成一致意见或出现分歧时，也要尊重对方。

　　在冰冷的职场中，人人都希望对方能够真诚对待自己，敞开心扉说亮话，这就要求我们首先要真诚对待对方，打碎一开始立在彼此面前的心墙。将自己层层包裹起来，或者戴上面具与人交往，甚至开展谈判，都是职场沟通的大忌。

第二章

攻心说话，一开口拉近双方距离

礼貌有加，谁都不会讨厌你

不管一个人在职场当中扮演什么样的角色、有着什么样的身份，礼貌一直都是维持人际关系的基本前提。

礼貌就像是一个人的名片，说话有礼貌的人士更容易受到大家的欢迎。礼貌，看起来是小事，却将直接影响到你的形象，以及别人对你的态度，甚至是你在商业谈判中的成与败。

为了解决谈判过程中既要保护自身利益又要顾及和维护对方面子这一矛盾，并取得谈判的成功，谈判双方都必须讲求谈判语言的策略技巧，灵活、巧妙地运用礼貌语言，并采取必要的礼貌策略。

李平是北京一所大学的教授，有一天，他正在办公室里备课。有人敲门，他习惯性地说了一声"请进"。抬头一看，发现是一位女生，可是李平并不认识她。他想，也许这位女生是前来找别的老师的。女生进门后四下看了看，张口就问："李平呢？"

这话一出口，办公室里的人都愣了一下，大家往李平方向看。李平心里非常纳闷，在学校工作这么多年了，还没有谁会直呼其名呢。他的脸色微微一变，但还是非常有礼貌地对她说："我就是，请问你找我有什么事吗？"

那位女生大大咧咧地说："噢，原来你就是李平呀，我很早就听说过你了。我是王明教授的学生，你帮我看一下我的论文吧。"

原来当时学校里有规定，在论文答辩的时候，必须要请校外的一位专家来做指导。而这位女生就是校外的学生，前来找李平为自己批阅论文。

李平平常是一个有涵养的人，即使看到这个女生如此没有礼貌，还是没有发火，只是淡淡地说了一句："你把论文放在那里吧。"

女生把论文往李平的桌上一放，说："你快点看啊！后天就要论文答辩了，可别耽误我的事了。"

这时，李平再也无法忍受了，说："请问你这是找人办事，还是下达命令呢？麻烦你把论文拿走，我没有时间给你看。"

其实，找人办事不仅在学校中会遇到，在职场中，这种请人帮忙的事更是不计其数。每个人都有自己忙碌的事，谁也没有义务必须去帮你，倘若没有谦卑礼貌的样子，又有谁会真心去帮你呢？在商业谈判中，礼貌得体的语言是促成谈判成功的润滑剂，能为谈判的严肃气氛增加柔和的气息，也能为谈判过程中使用的职场术语表达更具亲和力。

"生活中最重要的是有礼貌，它比最高的智慧、比一切学识都重要。"因此，在谈判语境下，我们应有意识地运用礼貌性语言，充分发挥其在营造友好融洽的谈判氛围、维护谈判双方的尊严、礼貌处理谈判分歧或谈判僵局、建立良好人际关系等方面的功用，提高谈判的效果，增加谈判成功的机会。

谈判语言和礼貌策略的巧妙应用，对推进谈判至关重要。那么在职场中，可以应用的礼貌策略有哪些呢？

1. 谈判语言要温和、委婉

温和、委婉的表达方式显得更优雅，使对方容易接受，在体现谈判者良好修养的同时，也可以缓和气氛，避免误解和尴尬。委婉的语言能如一抹柔和的春风，能为双方带来一种愉悦的心情，营造快乐的氛围，为促成合作提供重要条件，否则容易给对方留下无礼粗俗的印象而影响谈判进程。

典型的温和开场可以有"很荣幸能与您谈判该项目""不论有何困难，我想我们双方应本着平等互利的原则来解决""愿我们的工作能为扩大双方合作作出贡献"等。

2. 使用有针对性的言语

在谈判的全过程采用哪种类型的语言，要依据"有的放矢""对症下药"的原则和不同类型语言的特性决定。

如果对方是一位位高、性格内向的年长谈判者，谈吐应讲究举止礼貌，充分烘托其地位和形象。对待这类谈判者，可以敬在先，回击在后，将其按到平等的座位上谈判，再辅之以礼，给其下台阶的"梯子"，为谈判创造良好的氛围。

如果对方是一位位低、性格内向的年轻谈判者，可以用适当的语言表达对对方的尊敬，又要为自己保留余地。

面对条件相当的同龄谈判对手，可以使用相互敬重、礼貌周全的谈判语言，让彼此关系融洽。

3. 举止得体有礼

谈判之初的姿态动作对调节谈判气氛起着重大作用，目光注视对方时，应停留于对方双眼至前额的三角区域正方，这样可以使对方感到被关注，认为你的态度诚恳、严肃。

作自我介绍时要自然大方，不可露傲慢之意。被介绍到的人应起立一下微笑示意，可以礼貌地道"幸会""请多关照"之类的谦辞。询问对方要客气，如"请教尊姓大名"等。如有名片，要双手接递。谈判时，手心朝上比朝下好，手势要自然，不宜乱打手势，以免造成轻浮之感。切忌双臂在胸前交叉，那样显得十分傲慢无礼。

4. 注意对方的神情变化

在表达时要随时观察对方的神情变化和反馈信息。如果不顾对方的反应，一味侃侃而谈，则是对对方的不尊重。如果发现自己在谈判中出现失言或失态时，要立即向对方道歉，可以使用"请原谅""对不起""不好意思"等。这时，更不要千方百计地自我辩解，力图自圆其说，这样反而会使对方产生不满和反感。

5. 学会积极聆听

在谈判中，积极而恭敬地聆听对方的讲话是满足对方获得"尊重"心理需要的一种方式，此时无声胜有声，能传递一个信息——你在认真聆听对方的表达。这样无形中，可以让对方感到满满的尊重，并对你产生好感，推进谈判的顺利开展。

一场出色的谈判除了谈判策略外，更重要的是巧于言辞，运用自己的口才和智慧与谈判对手展开智慧谋略的较量。许多谈判之所以能顺利进行，气氛融洽友好，关键就在于谈判者在说话时文明礼貌、分寸得当。

谈判讲细节，举止礼仪见分晓

举止得体不仅是一种礼节，而且表现出热情、诚恳、谦虚的交往态度。举止不适当，则不仅失礼，而且常常被人们理解为傲慢、冷漠、虚伪、做作。从心理学角度来看，每个人的举止能够透露其所思所想。透露情绪的不仅仅只有眼睛和面部神态，还有我们的双手和我们的举止仪态。

举止指行为者的坐姿、站姿、行姿及其他姿态等。在谈判中，对举止的总体要求是举止得体，即举止要符合谈判者的地位、身份、年龄及其所处场合。在商务沟通和谈判时，我们的一举一动都会被对方看在眼里。职场高手都会从这些举止动作中分析出对方的内心活动，并加以调整谈判策略。尤其在谈判桌上，和陌生人（谈判对象）第一次接触的时候，一定要重视自己的举手投足，如果把握不好举止分寸，就很容易侵犯到对方，从而影响对方对我们的第一印象。

举止往往是一个人的素质与修养的外化反映，直接影响人们的印象和看法。得体的内涵包括：自信而不显孤傲、热情友好又不显曲意奉迎、落落大方、高雅端庄；面对不利于自己的条件时不垂头丧失，不心烦意乱，能做到成竹在胸、处变不惊。

在这里提醒大家注意的动作主要指举手投足这类动作，这些动作更容易在不经意间反映出我们内心真实的想法。只有做出合适的动作，才能让我们表现出自己对别人的尊重，也才能让对方感受到你的亲切。

那么，到底什么样的举止礼仪能为你的谈判增加魅力和自信心，让别人愿意接近你呢？

1. 不要吝啬你的笑容

和谈判对象初次见面的时候，应该表现出自己应有的热情，而最好的展示方式就是你的笑容。如果你想要和谈判对象在短时间内成为朋友，拉近彼此距离，那么请在见到他第一眼的时候即送上自己一个漂亮的、灿烂的笑容，用你真心的笑容来敲开对方的心门。

相信，你这一个温暖的笑容在对方眼前滑过时，势必会让对方的内心产生涟漪，从而对你产生良好，甚至深刻的印象，顺势引出下一步的谈判。

2. 找准时机，主动握手

当然，一旦给对方留下春风拂面的良好印象后，出于礼貌，你还应该主动上前与对方握手，这在社交场合是一种很正常的打招呼方式。

如果你是男性，而对方是女性的话，千万不要贸然和对方握手。一般情况下，都是女性先主动伸手握手，之后男士才伸出手迎合。如果男士过于主动，会显得对对方不尊重。而且在这当中，握手也有非常多的讲究，比如握手力度的轻重、握手时间的长短等，只要把这些都把握好了，才能真正算得上和谈判对象顺利完成初次见面。

3. 注意端正姿势

还要提醒大家的是，一定要注意自己在谈判场合的站姿或坐姿。如果双方可以坐下来交谈的话，而且是在非常正式的场合，就必须要注意好自己的坐姿是否端正。

不同的坐姿传递着不同的信息：挺腰笔直的坐姿，表示对对方及其谈话感兴趣，同时也表示对对方的尊敬。弯腰曲背的坐姿，则是对对方及其谈话不感兴趣甚至厌烦的表示。斜着身体坐，表示心情愉快或自感优越。一边坐着一边双手摆弄东西，表示对所介绍事项漫不经心。若不断看手表，则是不耐烦情绪的暗示。

注意，如果是坐在椅子上交流，那么必须要坐在椅子的前1/3 至 2/3 处，越坐得靠前，就显得越正式。

如果是站着交谈的话，千万不要依靠墙等附属物，虽然并不要求你的身体必须挺得笔直，但也不能站得歪歪扭扭，否则让人感觉你太过随便。站立时，双手千万不要背在身后，更不要呈现抱臂的姿势。如果你们刚好坐在一张桌子上面，你应该等对方坐好之后再落座。如果对方起身准备离席，那么你也必须起身相送。

通常来说，那些习惯于身体挺拔、挺胸收腹站姿的人大多数十分自信、乐观，非常注重个人形象；而那些背部微驼、含胸含胸的人比较单纯，但是缺乏自信心；双手放在腰间叉腰站立，双脚分开程度比肩宽的人自信心非常强，在潜意识里可能还会有攻击别人观点的想法；一腿站得很直，另一条腿却是弯曲的，表示这个人有些拘谨，缺乏耐心，也可能表示拒绝对方的意思；双脚紧紧并拢、双手交叉站立，表示这个人能够承受巨大压力等。

4. 不要有过多手势

研究表明，当一个人在说话时，使用手势可以帮助他更清晰地思考、更有逻辑地表达，但要保持你的手势与语气一致。例如，当你说到重点的时候，伸手指会显得很自然。但在许多情况下，这个手势会给对方带来一种压迫感。建议尽量避免使用过多手势，除非在必须要强调的事项上，否则多余的手势反而会给对方带来不好的暗示。

同时，请尽量避免以下三种手势。

（1）十指交叉的手势本来是自信的表现，但要注意，十指交叉紧扣是情绪紧张和缺乏自信的信号。

（2）手指搓动、手掌或双手搓动都是在缓解心里的不安，很多时候，谈判者在说错话或表达出现问题的时候都会通过搓手来缓解尴尬和压力。

（3）如果在说话过程中用手抚摸颈部，则会显示出你的不自信，或是代表你在尝试通过抚摸颈部来缓解压力。

5. 认真倾听，要有适当的眼神接触

在和对方谈判的时候，出于尊重，你应该认真倾听对方的谈话。适时与对方进行眼神交流，适时点头和微笑回应，都会让对方知道你在认真地听其讲话。

注意，在交谈过程中，眼睛不要左顾右盼，眼神更不要游离，更不能表现出不耐烦的样子，也不要一直盯着对方的眼睛，可以适时转移至对方的脸。

肖旭在一家房地产公司工作好几年了，他的职位不高，但是由于他所在的部门关系着公司未来的发展计划，所以很多人都想认识他。他为人开朗大方，受到很多人的喜爱，哪怕是在面对自己的竞争对手时，也能够做到与之和谐相处。

刘鑫是刚刚进入房地产行业的新人，在一次房地产发布会上见到了肖旭。刘鑫非常敬佩肖旭的才能，但是，他不知道如何才能进一步认识肖旭。

机会终于来了，刘鑫和肖旭在一起讨论一个合作方案，但是由于刘鑫太紧张了，结果表达自己的观点时一直没有讲到重点，双手一直摆弄笔记本，眼神不敢看向其他人。

肖旭发现了刘鑫的紧张，于是主动向他说起了自己刚刚进入这个行业时的一些事情。他说："我当时什么也不懂、什么都不会，就是一个学生，一切都要从头开始学习。不管你的业务素质是不是最好的，但是你的为人一定要做到最好。也只有这样，你才能交到朋友，特别是和陌生人打交道的时候，千万不要紧张，保持自然是最好的。之后与对方的交流中，眼神必须足够真诚，态度必须足够诚恳。"说到这里，肖旭的眼睛看向刘鑫，向其表示眼神的重要性。

看到肖旭传递过来的眼神，刘鑫的紧张感顿时消散了。

在谈判桌上，身体的动作，尤其是眼神的接触交流是非常重要的，这样一种无声语言也能传递出很多信息，如你对这次谈判的重视、你对对方的尊敬、对你提出的一些条件的坚定等。因此，善于运用眼神，也是高情商谈判者必须学会的。

增加亲和力，友善方能达成沟通共识

亲和力，广义上指的是人类普遍具有的渴望与他人亲近、和谐相处的心理状态。这也是人类最基本的需求，也是最主要的需求。

亲和力，原指两种或两种以上物质合成时相互作用的力，现多指一个人在面对某些人、人群或某件事时所表现出来的亲近感，以及人们对其所表现出的亲近感的认同、接受程度或保持程度。亲和力不仅仅是商务礼仪，还来源于职场的每个细节。

在人际交往过程中，一个人的亲和力越强，他的交际圈自然就越广。所以，在职场中，想让自己获得更多人脉，让人气暴涨，注意加强亲和力就成了一种非常好的方式。

职场人际交往离不开亲和力的培养。试想，如果让我们用一句话来形容身边那些人缘好的人，我们通常会选择一句什么样的话来形容呢？相信相当一部分人会这样形容："他为人很好，有亲和力，不管男女老少，也都愿意和他打交道。"

确实，人缘好的人大部分都是因为拥有很好的亲和力。其实这一道理非常简单，每个人都明白，这是常说的"亲和效应"：亲和力是人际交往当中的一种主要因素，那些人缘比较好的人，往往是因为他们有着非常强大的亲和力。如果这个人没有很好

的亲和力，那么他在人际交往中肯定经常碰钉子，更别提谈判
成功了。

　　苏晓敏是一家外贸公司的销售人员，非常有亲和力。
由于做的是销售工作，苏晓敏每天都需要和不同的人打交
道，而她的亲和力则在这方面帮了很大的忙。每次去见客
户的时候，苏晓敏总是可以给人留下亲切和蔼的印象。也
正因如此，只要见过她一两次面，往往很快就能与她成为
朋友。

　　就在几天前，有一个大客户来公司洽谈生意。这个客
户的实力很强，如果能签下这笔订单，那么对公司而言肯
定是有利的。

　　但是，这个大客户本身是一个非常苛刻的人，公司里
面的销售人员已经和这个大客户商谈过好几次，一直没有
办法拿下这笔订单。最后，销售经理决定让苏晓敏来谈这
项业务。

　　在谈判中，不管客户的要求多刁难，苏晓敏始终能保
持微笑和耐心，并且详细地给客户介绍公司产品。逐渐地，
这位客户也被苏晓敏的亲和力打动，不再像之前那样咄咄
逼人，脸上还露出了非常满意的笑容。

从上面的故事可以看出，如果一个人具备亲和力，不仅能在职场中结交到很多朋友，而且对于他的职业晋升会有很大好处。因此，我们必须要培养自己的亲和力，为自己的职场谈判造就更多成功的机会。

从某种意义上来说，亲和力是一个人基本素质的综合体现，但并不意味你必须始终保持自信满满、阳光灿烂、欢乐开怀的状态。具备超强的亲和力，更是一个人长期修炼的结果，绝对不是一时半会就能够学会的。那么，怎样才能增强自己的亲和力，并在谈判中显示自己亲和的一面呢？可以从以下几个方面进行修炼提高。

1. 主动攀谈，先入对方的眼

"言为心声"，只有用合适的、精准到位的语言主动表达自己，才能一开口就进入对方的眼里，进而说进对方的心里，让其更深刻地认识我们，并感受到交谈的真诚。通过主动攀谈的方式与对方展开沟通，也是有效增强亲和力的重要方法之一。

2. 不要吝啬你的微笑

微笑是拉近双方关系的身体亲和技术之一，但在职场谈判中，要善于利用真诚的微笑，用你的笑容打动对方的心。

3. 举止大方自然

想要获得对方的信任，以便进一步沟通谈判，就必须要注意在言谈举止方面大方自然，千万不要作出一副清高自傲、孤芳自赏的样子。该直说的时候，千万不要含糊其辞、模棱两可。

4. 做真实的自己

谈判是双方"对峙"的过程，如果你一直扮演不真实的自己，别人会很快看穿你的伪装，并在一定程度上认为你不够真诚。寻找自己性格中的优点，努力加以提高，在谈判桌上表现最真实的自己，让对方打从心底感受到你谈判的诚意。

5. 保持一定的好奇心

展示你对对方工作、生活、想法和观点的真实兴趣，换句话说，关切询问是与别人开始一段谈话的最好方式，保持你的好奇心，能让你更有亲和力。但要注意让问题迎合对方想说的话，而不是问强人所难的问题。

6. 重视肢体细节

在谈判过程中，很多人可能很少去留意自己的肢体小动作，但当与别人正面谈判时，一些有意无意的小动作却有可能意外拉近彼此的距离。比如，身体稍微前倾一点，眼睛直视对方大约四秒，再稍微转移一下目光，之后再去注视对方眼睛四秒，那么对方就会感觉非常放松，而且很容易对你产生信任感。这样有助于打造你为人亲和的形象。

适当使用坦诚式谈判策略来开局

俗话说："坦诚是把握和实现机遇的利器。"其实，坦诚是一个人最可贵的品德，也是抓住机遇和实现机遇不可或缺的条件。

沟通重在坦诚，只有坦诚相待，人与人之间才能有良好沟通的基础，才能促成职场谈判的成功。在企业中，开诚布公的交流和沟通是团队合作中最重要的环节；在职场中，坦诚、不要心机的交流是顺利谈判、获得双赢的重要原则。

只有以坦诚的心态去经营事业、开展谈判，才能够赢得更多的信任和尊重，为自己的发展带来更多的机会和空间。

有一位专业人士对顶尖的成功人士作过一项调查。调查之后，他发现了一个令人非常惊讶的奇怪现象：这些成功人士都有一个共同的人格特点——坦诚直爽。

　　保罗·盖蒂是风云商界数十年的石油大王，他说话做事一向坦诚直率，从来不用心机取胜。有一次，几位工会领导人代表公司员工向盖蒂提出增加员工工资的要求，还用书面形式列出了增加工资的数目和加薪理由。

　　盖蒂考虑了一下，如果增加工资的数额降低一半，公司层面还是可以接受的。于是，他与工会代表约定，在几天后通过谈判的方式来解决这个问题。

　　谈判开始前，盖蒂的顾问告诉他，一开始就应该将加薪数目压得很低，然后一点点往上加，这样才可以把握住谈判的主动权。而盖蒂认为，这是拍卖市场上惯用的方法，如果自己这么做，既有损公司尊严，对员工代表也是一种欺骗和侮辱。

　　谈判开始，盖蒂耐心地倾听工会代表陈述的意见，然后从自己的公文包里拿出了一份反映公司运营情况的内部财务报表交给工会代表传阅。

　　盖蒂态度诚恳地说："我猜，我们可能会在这里开好几天会，为了调整大家的工资。可是，如果我们一开始从各自所能得到的结果去谈，也许更简便、更合理。那么，我们为什么不这样做，反而要在这里白白浪费时间呢？我实话说吧，公司目前的经营情况真的负担不起大家要求的工资数目。内部使用的财物报表都已经在你们手上，你们可以翻看一下，我没有必要隐瞒你们。如果你们愿意将要求降低一半，我很乐意在上面签字。这是公司目前所能承担的最高限度了。当然，如果公司明年的利润有所增加，我还是很乐意在这里和你们商量要求的另一半。"

盖蒂一开始就亮出自己的底牌，这种举动完全出乎工会代表的意料。事实上，他们提出那么高的加薪要求，是出于谈判的需要，因为按照常规，谈判就意味着要讨价还价。把要求降低一半，这也正是工会代表心目中的期望值。现在，盖蒂已经答应他们的请求，他们会想：要不要继续讨价还价，争取更大的收获呢？

盖蒂见工会代表难以表态，于是提议暂时休会，让他们先商量一下，下午再谈。休会之后，盖蒂的财务顾问都纷纷埋怨他的决定太草率，认为工会代表肯定会得寸进尺，接下来的谈判会让他们失去主动权。

可是，财务顾问考虑错了，下午的谈判开始后，工会发言人对盖蒂说："我们以为要经过一番艰苦的舌战才能将结果定下来，但是您已经非常妥当地决定一切，一开始就告诉我们真心话，您这种坦诚、不拐弯抹角的态度让我们很感动。既然这样，我们觉得没有什么需要值得再争论的了，就按您的意见办吧。"就这样，双方签约，谈判获得皆大欢喜的结局。

通过这次加薪谈判，不仅满足了员工的要求，而且大大调动了他们的工作积极性。第二年，公司营业额大幅度增长，盖蒂没有失言，再一次和工会代表进行了一场友好谈判，为员工调高了薪资。

在谈判中，应当提倡坦诚相见，不仅将对方想知道的情况坦诚相告，而且可以适当透露己方的某些动机和想法。

坦诚式的谈判开局策略是在职场中较为常用的谈判策略，是指以开诚布公的方式向谈判对手陈述自己的观点或意愿，尽快打开谈判局面。这种开局方式比较适合长期合作的供应商，双方过去有过往来，而且关系很好，互相了解较深；以这种友好关系作为谈判的基础，就不要拐弯抹角，也不用使用那么多说话技巧，大家坦诚地进行交流。

在这段陈述中，可以真诚、热情地畅谈双方过去的友好合作关系或一起打拼的美好过往，适当称赞或肯定对方在过去合作中的付出。这时，可以省去一些礼节性的外交辞令，坦率地陈述己方的观点以及对对方的期望，使对方产生信任感，如此，能为进一步交心谈判赢得更好的条件。

坦诚相见是获得对方同情的好办法，人们往往对坦诚的人有自然的好感。但是应当注意，与对方坦诚相见，难免要冒风险。对方可能利用你的坦诚逼你让步，你也可能因为过早坦诚而处于被动地位，所以要注意，坦诚相见是有限度的，并不是将一切和盘托出。总之，以既赢得对方信赖又不使自己陷于被动、影响利益为度。

谈判桌上，客户都是"吃软不吃硬"的

在职场中，要完美完成任务，仅仅依靠一只手是完全不够的，有时还需要左右开弓才能奏效。同样道理，你在求人办事的时候，仅仅依靠软或者硬的单一方法也是完全不行的，只有软硬兼施，才能更容易求对人、办好事。

我们在求别人帮忙的时候，总会抱有一种"欺软怕硬"的心理。其实有时对待他们倒不如反过来，来一个软硬兼施的方法。如果自己一味服软，无疑会给别人留下好欺负的印象，但如果总是硬攻，又容易与人树敌，把自己推入更深的火坑中。

在求人办事时，可以先用强硬的态度把对方的嚣张气焰打压住，然后用软手段去获得对方的理解和同情，这样就很容易得到对方的帮助，甚至会让对方产生一种顺水推舟的心理。

有一个大学生和自己的好朋友去上海玩。晚上安排住宿的时候，他们乘坐一辆中巴车来到一家旅店住下来。旅店一晚的住宿费不算便宜，他们本以为住宿的条件不会太差，可是事与愿违。

从大方面来看，房间里连一台电视机都没有；从小方面来看，连拖鞋这种必需品都没有准备。服务员的态度更是差极了。躺在床上的时候，才发现床是硬板床，睡着硌得痛。

最后，他们决定去找老板商量退房。没想到老板来了一句："想退房？没门！"

他们看见老板一副气汹汹的样子，心里有点害怕，想想还是算了，可是心里不服气。于是两人索性狠下心，决定豁出去。其中一人跟着老板的腔调说道："你凶什么凶，你想怎么样啊。就这上海，我又不是没有来过，你要是不退房，就别怪我们投诉你。"老板一听他们要拨打投诉电话，心里开始害怕，只好同意退房，但无论如何都要收取他们十元的手续费。

两个人一听老板同意退房，当然非常高兴，可没想到老板不愿意退回全款，所以心里很不是滋味，便说道："如果不是你们把我们骗过来，又怎么会这样呢？"老板听了更生气。

就在这个时候，外面又来了几位不知情的客人。他们突然想到一计，对老板说道："老板，我觉得你还是赶紧把钱退给我们吧，不然我们现在一闹，你那刚来的几位客人……"老板感受到威胁，心里害怕，只好把十元退给了他们。

如上述例子，当我们在对待某些人时，如果你一开始就对他施展软态度，他可能会觉得你是一个容易被欺负的人，对待你的态度自然是非常强硬的。但如果你一开始就对他使用硬招，那么在下面的交往中，他可能会让你下不来台，非弄个鱼死网破。所以，无论在职场还是生活中，最好的办法就是软硬兼施，才能顺利达到自己的目的。

在职场中，总有一类人吃软不吃硬，特别是那些性格强硬、固执己见的客户。面对这类职场谈判，有时则需要学一点太极"功夫"，四两拨千斤，以弱克刚，才可能达到事半功倍的效果。

对待强势的客户，我们可以从强势转化弱势，先舍得放下架子，说软话总比说硬话的效果要好，以情动人，以诚感化。然后采取先扬后抑的策略，先赞同对方的观点和方案，让其放下防备心理，开始认同你这个人，这是软态度；再适当提出你的意见和建议，甚至是反驳，此时可以摆出多种数据和实例支撑，以证实自己的观点，这是硬态度。如此，在戒备心理减弱的情况下，对方更加顺理成章地接受你的观点。

此外，即使对方的观点和方案有所不妥，也不要一开口就提出质疑，要给对方台阶下。如在谈判进行到恰到的时机，则可以顺势指出其不妥之处，此时对方就会顺着你的台阶往下走，而不会出现被反驳而尴尬的恼怒态度。这也是软硬兼施的小技巧。

第三章

巧妙套近乎，一眼看透对方心理

走心的真诚，谁都不会拒绝你

在商务谈判中，如果从一开始接触客户时就能够从客户角度出发，为客户着想，说一些关心客户的话，那么一定很容易引起客户情感上的共鸣。

在职场中，多为对方设身处地想一想，诚心一点，从关心对方的角度出发，更容易俘虏对方的心，一开口就走进对方心坎。

郭庆是国内一家大型保险公司的普通销售员，一次，他前去拜访一位陌生客户。敲响了客户的房门后，门很快打开了，给他开门的是一位面容憔悴的中年妇女。

郭庆一看便猜到这位妇女肯定是整日不停为家庭、孩子操心。他想以真心的态度和她展开交谈，于是开始对她和她的孩子表示出真诚的关怀。

作简单的自我介绍后，郭庆态度诚恳地对妇女说："看您的样子，一定为家庭和孩子操碎了心。有您这样负责任的母亲，您的孩子日后一定会有大作为。您的丈夫也一定非常幸福，因为有您在背后这样为他操劳。有您在，一切都会更好的。"

听了郭庆一番发自肺腑的真诚赞美，妇女放下了对郭庆这个陌生人的戒备之心，请其进屋就座交谈。在交谈中，妇女告诉郭庆，自己确实如其所言，为家庭和孩子操碎了心。她说自己的丈夫事业有成，而且目前发展前景不错，算得上一位成功人士；孩子学习成绩也很好；只是自己身体不是很好，并患有糖尿病，只能在家照顾孩子。

听到这里，郭庆以关心的口吻继续安慰妇女："您和您的丈夫同样伟大，每一个成功男人的背后都有一个伟大的女人。您的贤惠、勤俭持家是对您丈夫事业最有力的支持，我真羡慕您的丈夫有您这样一位善良能干的妻子。但您一定要注意保重身体，身体健康是非常重要的。糖尿病虽然不算什么大病，但也一定要注意保养身体。只要控制好血糖，一切都不是大问题。您想一想，只有您身体健康，家庭的每个成员才能在您细致的照顾中同样保持身体健康。"

郭庆话语中的真诚打动了妇女的心，使她感受到了久违的真挚关怀。经过几次交谈，他们成了关系非常好的朋友，妇女的丈夫也在郭庆那里给自己和家人都买了份健康保险。

生活在社会中的每个人都需要别人真诚的关怀。关怀的话语能使人感到温暖的力量以及鼓舞。在职场中，要真心关怀每一位客户，并以适当的语言将这种关怀之情表达出来，让客户感受到你的真心实意，如此有利于拉近彼此的距离，让客户对你放下戒备心理，从而愿意听取你的分析和建议。

关怀是相互的，在感受到你走心的关怀后，客户大多会投之以桃、报之以李，适时表现出对你关怀的谢意，从而信赖你，接受你提供的服务，促成谈判。

那么，如何才能做到真心想客户所想，进而打动客户的心，拉近彼此距离呢？

1. 尊重客户的情感需要

每个人都希望自己能得到他人的尊重，这是毋庸置疑的。在谈判场合，要赢得对方高看一眼，首先就要尊重客户，在与客户的交流中真心满足客户的情感需要，并努力让客户感受到你的诚意，这样双方才有可能建立起一种友好亲近的关系。

2. 给客户提供真诚的建议

注意不要为了自己的一时利益而采取各种手段去"套路"客户，即使"套路"成功，客户购买了你的产品，但你的这种成功只是暂时的，这种交易属于一锤子买卖，定然不会长久。谈判的目的是为客户带来他们真正需要的产品和服务，你才能从中获利，所以要了解客户的真实需求，并在此基础上给客户提供真诚的建议，这种合作才是长久的，这种利益才是互相的。

3. 顾全客户面子，与客户交朋友

谈判与推销一样，既是一种竞争，又是一种合作。在谈判中，既要保护自己的利益，也要维护自己的自尊。我们都希望交易能达成有利的协议，也希望证实自身的价值与维护自己的面子。因此，在谈判中应尽量以友好、宽容、热情的态度对待客户，争取与客户交上朋友，才易于达成合作。

一个优秀的谈判者应当充分顾全客户面子，这不仅是眼前达成谈判协议、实现友好合作的需要，而且是树立谈判者个人形象乃至企业发展长期合作关系的需要。顾全客户面子，就要在谈判中处处表现出对对方彬彬有礼，显示出对对方不同观点、意见的理解与尊重，在每个环节的发言中掌握分寸，留有余地。

4.坦诚相待，如实介绍

在给客户介绍产品或服务时，不要有所欺瞒，也不要故弄玄虚，要坦诚相待，如实介绍产品和服务的优点、缺点，让客户了解清楚产品和服务的真实面貌，以便做出合理的取舍决定。

谈判桌上，会听比会说更招人喜欢

古希腊哲学家苏格拉底说，上天赐给人两只耳朵两只眼睛，却只有一张嘴，就是要人多听、多看、少说话。寥寥数语，形象而深刻地说明了倾听的重要性。谈判需要双方的沟通、交流、讨论、辩论，善不善于倾听，关系着谈判能否取得最后的成功，也关系着是否能取得对己方有利的谈判结果。

商业谈判具有灵活多变的特征，不可能有一个一成不变的公式，但也有一些共性的基本技巧，关键是要灵活运用，而"会听"的要诀非常重要。

当你和一个初次见面的人进行交谈的时候，他到底是有耐心地洗耳恭听，还是会经常打断你的谈话？或者在你说话的时候，他却在不停地忙其他事情？如果是后者，你会打从心底对他们产生好感吗？答案很明显，不会。如果一个人不管到了什么地方、在什么时间，总是滔滔不绝，着急想要发表自己的意见，而不愿意给别人说话的机会，那么这样的人一定不招人喜欢，也就注定了他在职场中无法积累更多的人脉资源，也就失去更多的谈判优势。

高明的谈判者不仅善于语言表达，而且善于在不显山露水的情形下启发对方多说，尽心尽力引导对方多发言。而缺乏经验的谈判者的最大弱点是不能耐心地倾听对方发言。他们认为自己的任务就是谈自己的情况，说自己想说的话和反驳对方的反对意见。因此，在谈判中，他们总在心里想下面该说的话，不注意听对方发言，许多宝贵信息就这样流失了。

一个优秀的谈判者，也一定是很好的倾听者。当然，要很好地倾听对方表达，并不如人们想象的那么简单。

　　阿杰是一家房地产公司的售楼员。有一次，他游说了客户几个小时后，客户终于下定决心要购买他推销的房子。在此之后，阿杰所要做的事情就是让客户走进自己的办公室，把合约签订下来。

　　向办公室走去时，客户开始向阿杰提起他的儿子："我的儿子已经考入重点医科大学，马上要当医生了。"

　　"那真是太棒了。"阿杰回答。两个人就这样继续向前走着，但是阿杰的眼睛一直看向其他客户。

　　"阿杰，我的儿子是不是非常聪明？你知道吗？当他还是婴儿的时候，我就觉得他以后肯定有大作为。"

　　"他的成绩肯定很不错吧？"阿杰一边应付着回答，眼睛朝着四周看看。

　　"是的，在他们班上，算得上最出色的学生了。"

　　"那他高中毕业后打算做什么呢？"阿杰心不在焉。

　　"阿杰，我刚才告诉过你，他要到大学去学医，将来打算做一名医生。"

　　"噢，那真是太好了。"阿杰重复着说。

　　客户看了看阿杰的表情，说了一句："我该走了。"快步走出了售楼中心。阿杰呆呆地站着，并不明白自己为什么会突然失去这位客户。

下班回到家，阿杰回想起今天的工作，开始认真分析失去这位客户的原因。

第二天一大早，阿杰上班之后的第一件事情就是给昨天的那位客户打电话。

"哦，阿杰先生，我已经从别人那里买到房子了。而且，当我提到我儿子的情况时，那位售楼员能理解我的骄傲和自豪，让我感觉很不错。"

阿杰沉默了一会儿，才恍然意识到自己犯下的错误。

其实，我们根本不需要怀疑，任何人都是对自己的事情更加感兴趣，当然也对自己的问题更加关注。在这种情况下，一旦有人能够专心倾听我们谈论的关于自己的事情，那么我们就会得到一种被别人尊重和重视的感觉。特别是在谈判过程中，善于倾听则会在无形当中起到一种褒奖对方的作用，这也是我们尊重对方的前提。对方的自尊心得到满足，无形中，就会对倾听者产生一种情感上的飞跃，认为倾听者能够切实理解自己，这样一来，彼此的距离将缩近一大步，为顺利谈判创造有利条件。

正如美国人际关系学家戴尔·卡耐基说："专心听别人讲话的态度，这是我们所能给予别人最大的赞美。"善于倾听的人，永远都要比善于表达的人更能赢得陌生人的好感。

在谈判中，倾听是重要的，也是必需的，我们可以这样做。

1. 集中注意力倾听

集中注意力倾听，要求谈判人员在听对方讲话时，要聚精会神、专心致志；同时，还要以积极的态度去倾听。专心致志，就要避免出现心不在焉、"开小差"的现象，即使你认为对方说的没有道理，或者你已经熟知对方下面要说的话题，也不能因此掉以轻心。万一对方的讲话中有隐含意义，我们没有领悟到或理解错误，就会造成事倍功半的效果。

倾听对方讲话时，还要开动脑筋，分析思考。人的注意力并不总是稳定、持久的，会受到各种因素的干扰。如对方的讲话内容，人们说话时并不总是在一定的框架里，有时出于某种需求，要尽量掩饰重要内容，强调不重要的部分；或者表达条理不清晰、内容混乱等。这些都会干扰和分散倾听者的注意力。

2. 倾听时，注意自己的言行

在倾听时，注意约束自己的行为举止，不要轻易打断对方的讲话，也不要自作聪明妄下评论。人们都喜欢听赞扬性的言语，不喜欢听批评和对立的评论，当听到反对意见时，往往会下意识地加以反驳，保护自己的观点。这样都会影响谈判的有利推进。因此，学会倾听，还要注意保持言行的"沉默"，但这并不代表真的要呆呆坐。

我们不仅要认真倾听对方讲话，克服各种干扰，还要在倾听时多注视对方，主动与对方进行目光接触，并做出相应的表情，如扬一下眼眉，或微微一笑，或赞同地点点头，或否定地摇摇头，也可不解地皱皱眉头等，这些动作配合都可以表示你正积极聆听着。

3. 必要时记录笔记

记笔记的好处在于，一方面可以帮助自己回忆和记忆，而且有助于在对方发言后，就某些问题向对方提出质询；同时，还可以帮助自己进行充分的分析，理解对方讲话的确切含义与精神实质。

在谈判过程中，人的思维在高速运转，大脑接受和处理大量信息，加上谈判现场的气氛很紧张，所以只靠记忆是办不到的。因此，必要时，我们可以通过记录笔记来帮助自己集中注意力，并帮助自己对谈判进度的优劣势进行冷静分析，以更好地化解谈判困境。

掌握几套职场客套话，顺势推进谈判

客套话可以说是畅通全球的"通行证"，而善意的语言其实也是客套话的一种。客套话能帮助人们化解一下困境，可以化干戈为玉帛，能让朋友之间的关系更默契，能让人与人之间的相处更融洽。当然，适当的客套话也是职场谈判中的"润滑剂"，让严肃的谈判氛围稍有缓解。委婉的客套话，犹如一缕轻柔的风，缓缓吹进对方的耳中，让其心情愉悦，在无形中积极推动谈判的进程。

都说职场如江湖，一个有经验的谈判者，能透过相互寒暄时的那些客套话去掌握谈判对象的背景资料，如对方的职位、对方公司的规模、谈判时的心情、谈判筹码等。

客套话虽好，却不是人人都能驾驭。客套的话说对了，事半功倍；客套的话说错了，事倍功半。那些能将客套话说得恰到好处的人，大多是经验比较丰富的职场人。

职场中的客套话是尊重他人的具体表现，也是友好谈判的敲门砖。

芳芳是一名会计，活泼开朗的她对这份略显沉闷的工作有些不太适应。

转眼又到年终，这是会计最忙的时候，要把整整一年的账目都算清楚。芳芳跟同事小姚抱怨说："早知道会计工作这么辛苦，当初就不学这个专业了。"

小姚一边忙手里的工作一边说："对呀，真的是很辛苦呢。"

听到小姚和自己有同感，芳芳又继续说："小姚，你有没有听到，经理好像要让我们周末过来加班呢。真是的，我周末已经跟男朋友约好去买年货，我根本不想来加班。"

小姚依然头也不抬地说："对呀，真的不太合适。"

芳芳继续说道："嗯，你也这么认为，对吧？"

小姚点了点头，表示认同。

"嗯，对呀，就是这样""对啊，没错，你说得对"，类似这样赞同的话不仅会让对方听起来格外顺耳，还会让对方觉得你们的观点是一致的。但其实他们的话并不是发自内心，就像小姚，"对呀"这两个字对他人而言已经没有任何意义，却会让对方内心舒服。

经常说这类客套话的人，他们知道"对呀"这种话会让自己显得比较容易相处，能迅速拉近与别人之间的距离，让对方短时间内把你归入他的人际关系网中，利于开展谈判工作。

在职场谈判中，善于说客套话的人，心思都比较细腻，能够准确洞察人心，然后投其所好，说对方想听的。这种人随机应变的能力很强，有所谓"见人说人话，见鬼说鬼话"的能力，能和绝大多数的人保持良好的关系，在各种问题的处理上娴熟、老练。

当然，在谈判桌上，这种人往往能清晰判断谈判对象的心思，预判其接下来的套路，顺势抓住对方的"耳朵"，一开口就能说到对方心坎上，并能灵活处理谈判过程中出现的各种意外情况，避免自己陷入被动困境。

平时，可以多收集各种类型的客套话，以便在适当时机随手拈来，懂得在不同场景说不同的客套话。

1. 谈判预约少不了

谈判前，要明确见面的时间、地点（具体到座/栋及楼层）。比如，约在某商务大厦见面，需事先明确到"某大厦一期A座某层"。尽量避免到了约定时间，虽然抵达约定地点，却因弄错楼座、楼层等而迟到。

2. 进门的礼节别忽略

到达见面地点，应先轻轻敲门，或者轻促地按一下门铃，即使门开着，也应很有礼貌地问一声"×××在吗"，或者"房间里有人吗"，不要贸然闯入。与对方见面后，要立即打招呼，再跟着对方进门洽谈。

3.问候式客套话

这种方式最常见。谈判开始，可以客气地问："今天工作忙吗？"从职业上，可以问："您今天还在卖场调研吗？"对企业家，可以问："贵公司最近又有新产品面世吧？"这类问候式客套话可以作为谈判开场白，激发对方回答的兴趣，并以此顺势展开下一步谈判。

客套虽好，但也要懂得适可而止，否则，再真诚的客套话都会让人觉得是"疲劳轰炸"。

正确地理解客套话、运用客套话，才能让自己的话说得合乎时宜，进而建立更好的人脉关系。

巧妙套近乎，一开口就让对方喜欢

在职场中，与人适当套近乎是有必要的。如果你在和别人闲聊，那么聊的话题一定要是对方喜欢的，这样对方才会认为你足够理解他，让他产生与你志同道合的感觉，当然就容易对你产生好感，并随之拉近彼此的关系，缓和谈判的气氛。

职场人，想获得良好的人脉，交到更多朋友，甚至让谈判对象高看你，首先要做的就是学会与人套近乎。俗话说得好："酒香也怕巷子深。"只有先迈出自己的步伐，才能引起别人的注意，才能和别人进行攀谈的第一步。

谈判就是一场为了利益而斗智斗勇的战争，必须在开口瞬间就引起对方注意，方能赢得谈判先机。职场中，优秀的谈判者一般都有自己一套"套近乎式"的谈判策略。

李元公司最近需要推出一种新产品，需要为新产品做一系列的广告宣传。很多广告公司前来找李元洽谈广告宣传的事宜。

有一天，一位广告公司的王喜经理前来，当他走进李元的办公室时就发现其办公室墙上挂有醒目的公司标志，于是王喜开口说道："李经理，你们公司的商标设计得真不错，不仅给人一种生机满满的感觉，而且还有一股激人奋进的力量，让人越看越喜欢。"

李元说道："是吗？这个商标是公司刚刚成立的时候我亲自设计的，费了不少时间和心血。"说完，又向王喜详细介绍了自己当初设计这一商标的灵感、色彩以及比例数据等详细信息。李元的激动、自豪、满足之情溢于言表。

趁着李元心情愉悦，王喜顺势聊到自己公司在广告宣传方面的市场敏感度及优势，自然签下了李元公司新产品宣传的项目。王喜一开始就通过赞美李元公司的商标设计来套近乎，让李元首先得到一种满足感、自豪感，从而对王喜的品位产生一定的认同感，拉近彼此洽谈的距离。

其实王喜成功的秘诀就在于，他在前去拜访之前就已经对李元公司的情况进行一番详细了解，找到了套近乎的关键。一走进李元的办公室，他就决定先从李元设计的公司商标入手，这也就巧妙地赞美了李元这么多年来为公司发展所带来的优秀成绩，为下一步谈判套了个适当的近乎。

围绕对方的兴趣开展沟通，是职场谈判中套近乎常用的方式。很明显，王喜所说的套近乎的赞美话，也正是李元最喜欢听的，在好感因素的作用下，李元公司的广告业务也就顺势交给王喜，这也就不足为奇了。

在职场中，每个人都希望别人对自己的评价是好的，比如胖人希望别人说他看起来瘦一些，老人希望说别人说他年轻，笨拙的人希望你说他还算聪明等，这些都是套近乎需要关注的点。所以，在谈判前，要想方设法了解对方所期待的评价，尽量以肯定的评价来打开谈判局面。

　　北京有一家服装店的生意一向很好，原因就在于这家服装店里的每一位售货员对前来买服装的顾客都很热情，总会不断找合适的话题与顾客聊天。售货员不仅仅是与顾客打招呼，更为重要的是通过不断与顾客谈话，发现她们身上的优点，进行赞美。

　　有一次，店里来了一位老太太。售货员看见老太太后，先赞美道："太太，您的发型太好看了，我从来没见过这么好看的发型。哇，您穿上这件衣服会很搭哟！"老太太听完售货员的夸奖，心花怒放，爽快地答应试穿一下，最后买下了这件衣服。

　　有一天，店里来了一位身材稍显胖的中年妇女，售货员马上迎接道："太太，您可以试穿一下咱们这件衣服，上身宽松型、下身稍紧，而且是深色系的，很显瘦，相当凸显您丰满有形的身材。"

　　妇女如沐春风，高兴地试穿了。站在镜子前，售货员用手比划着妇女试穿衣服后的腰间，说道："您看，多显瘦啊！"

　　每一位来到这家服装店的顾客都有一种被尊重、被重视的感觉，也难怪这家店的生意越来越火爆。

套近乎的说话策略不仅在销售工作中常用到，在职场中的使用率也是相当高的。如果还掌握不了套近乎的方式，不妨在谈判桌上多锻炼以下"搭关系"技巧。

1. 多用平常的语言交流，少用专业术语

很多人为了显示自己专业、权威，在谈判开初就使用一些艰涩难懂的话语，这会让对方感觉不舒服，甚至让人听得混乱，反而影响下一步的谈判。建议在谈判开始，多使用平实朴素、通俗易懂的语言，亲和力比较强，而且容易和谈判对象产生共鸣，缓和谈判氛围。

2. 注意对方的动作和表情

和对方谈判的过程中，你能够感觉到对方是专注于和你沟通交流还是有一些不耐烦，这些信息往往能从对方一些小的、无意识的动作或表情中观察出来。比如对方非常焦急地看着手机，或者频繁询问时间，这个时候，你要尽快结束这段谈判交

流，让对方知道你是一个识趣的人，如此，必定能给对方留下美好的第一印象，好让他在下一次谈判中对你格外"开恩"。

3. 引导对方谈谈他最得意的事情

每个人都有引以为豪的事情，在谈判时，可以适当引导对方谈他高兴的、自豪的、满足的事情，激发起他谈下去的兴趣。如果你能恰到好处地提出一些问题，通过这些问题，引导出对方继续聊其得意的事情，再顺势引出你此次谈判的目的，则套近乎的效果更好。

4. 表现出对对方的关心

每个人都希望被关心、被重视、被尊重，在谈判开初，恰到好处的关心能如一丝蜜糖，瞬间给对方内心注入愉悦的心情。如询问对方的兴趣爱好、谈谈对方最近烦心的事情、说说对方最近遇到的高兴的事等，都能表达适当的关心，起到套近乎的作用。

审时度势，谈判也有拒绝可言

在职场谈判中，讨价还价是难免的，也是正常的。有时对方提出的要求或观点与自己的相反或相差太远时，就需要拒绝、否定。但毅然拒绝、全盘否定、武断甚至粗鲁表达，容易伤害对方，使谈判陷入僵局。

优秀的谈判者往往会有高明的拒绝技巧，懂得审时度势、随机应变，有理有节地委婉拒绝，让双方有回旋的余地，从而达到谈判目的。

谈判中的拒绝绝不是宣布谈判破裂、彻底失败。拒绝只是否定了对方的进一步要求。在谈判时，应该巧妙传递拒绝的信息，让对方听起来舒服，甚至心悦诚服。记住，首先开口拒绝的时候千万不能说抱歉，这个拒绝不是欠对方什么，而的确是从自身出发或从自身条件而言，无法满足对方的要求，所以开口的时候一定不要说抱歉。

同样一个"不"字，通过不同的方式传递给谈判对方，结果是不一样的。以下是几种谈判中常用的拒绝技巧。

1. 假托直言

有话就说，说明了对对方的尊重。但有时直言会显得逆耳，无法收到预想中的效果。对此，要拒绝、制止或反对对方的一些要求时，就可以运用假托直言的方式，婉转地拒绝对方，这样对方也会比较容易接受。比如，某化妆品店的推销员登门说服你订购他们生产的化妆品，但你不需要或并不想购买时，你可以很有礼貌地说："十分感谢。你们的产品很出色，可是，我刚订购了其他品牌的化妆品，实在不好意思。"

或者，对方陈述完他们的产品，并没能打动你签下订单时，你可以委婉地说："对于您刚刚描述的产品特点，我表示很认同，也很希望能达成合作。但鉴于我们公司对该产品作用的考虑，还是希望能综合多方面的产品分析，希望找到一款更符合我们公司定位的产品。谢谢！"先肯定后拒绝，这样的拒绝表达往往能让对方更注重前者的肯定性描述，减轻被拒绝时的不快。

2. 妥协应对

此种方法是明确表示你渴望满足对方所提出的要求，并带有一定的同情心理，但是，你其实是心有余而力不足，要获得对方的谅解，而不直接予以拒绝。

比如，客户要求网通公司在小区内全部安装上网线，实际情况是物业公司不允许这么做，但公司又不能直接拒绝全部客户。因此，在面对客户的时候，网通公司可以以同情并热情的态度进行回应："为大众服务是我们应尽的职责，但由于这个地方的自然条件有所限制，尚不能一一解决，我们正在想办法，请各位耐心等候。"这种"妥协"带有拒绝的意味，然而其透露出的对客户的同情、理解往往能赢得更多客户的共鸣，让客户在被拒绝后并不会产生多大的抱怨心理。

3. 选择应答

选择应答指的是针对对方所提出来的问题，进行有选择的回答，而不是当面否定对方提出的那些违背自己心意的问题。比如，谈判对象这样问："××公司新推出的产品广告拍得不错，你觉得呢？"你可以如此回答："还行吧，不过我更喜欢××公司针对×产品而新做的广告。"

再比如，谈判对象说："针对以上两种，请问您要选择哪种合作方式呢？"但你都不满意时，可以说："这两种都很不错，不如选择第三种吧？"如此回答既不会令对方觉得难堪，可能他还会考虑你提出的第三种建议。

4. 巧避分歧

对某一人或者某一事物有自己的看法，但是，你一时间难以分辨是非时，就应当本着"求大同，存小异"的处世原则，以巧妙的辞令含蓄予以拒绝。

比如，对方发问："×公司最近新推出了一种新产品，颇受市场欢迎。您觉得我们的产品与其相比，有什么优劣势呢？"这时要说对方想听的，可以这样说："我对×公司的这个新产品不太熟悉。但贵公司最近新出的 × 产品我倒使用过，使用起来很流畅，不会卡，界面也很适合年轻人的品位。"

这样一来，不仅巧妙地避开了争论的话题，还说出了自己对对方公司近况的关注，让对方感觉受到尊重，可谓一举两得。

5. 幽默拒绝

当无法满足对方的不合理要求时，可以在一段幽默诙谐的话语中设一个否定词或讲述一个故事让对方听出弦外之音。幽默能令气氛活跃，缓解紧张的谈判情绪，让人摆脱困境。

如前美国总统罗斯福还是一名海军军官时，一个人询问他有关美国新建潜艇基地的情况。罗斯福没有正面拒绝回答，他这样问："你能保密吗？"对方回答说能。罗斯福微微一笑，说道："我也能。"于是这个棘手的问题就被一种很好的幽默方式给回避掉了，既避免了对方的难堪，也转移了对方被拒绝时的不快。

6. 曲径通幽

谈判中有时仅靠以理服人、以情动人是不够的，毕竟双方最关心的是切身利益，断然拒绝反而会激怒对方。如果在拒绝时，在能力所及的范围内给予对方适当的优惠条件或补偿，以曲径通幽的形式加以拒绝，往往能让对方欣然接受。

如玩具生产商对经销商说："这个价位不能再降了。这样吧，这批货的每个产品都给你们配上电池，既可赠送促销，又可另作零售，这样也相当于节省一笔了，您看如何？"

第四章

运用提问技巧，挖掘对方所思所想

站在对方的立场上，想其所想

美国汽车大王亨利·福特说过一句广为人知的话："成功没有什么秘诀可言，如果非要说有的话，那就是时刻站在别人的立场上。"在职场谈判中，如果学会时时站在对方的角度上分析问题，沟通的效果将会超出你的想象。

相信不少人都信奉这样的职场名言——以赢利为唯一目标。这的确也是很多企业运作的出发点，他们为了获取利益而不惜损害客户的利益。而当客户的利益受到损害时，他们自然会对谈判者的诚信度产生怀疑，甚至产生谈判者态度不够真诚、有所企图的印象。

这种怀疑，放在沟通的大背景上，自然会对谈判的展开及其结果造成不利影响，甚至形成这样一个恶性循环：企业越想获得更高利益，越会选择牺牲客户利益；客户利益被牺牲的心理越强烈，其对谈判方的质疑态度和想法越偏激，谈判结果自然越差；谈判结果不顺利，企业盈利的目标更加无法实现。

要避免这种恶性循环，就必须在兼顾自身利益的前提下考虑对方的利益。作为一名职场人，只有为客户省钱，自己才能赚到钱。因此，当首次与客户沟通时，就应该把自己和客户拉到同一战线上，把自己当作与客户并肩作战的伙伴。你的目标不是向客户销售产品，而是为客户提供可以省钱的方法，试着把客户的问题当成自己的问题，把客户想花的钱当成自己要花的钱。如此，你才会想尽一切方法去为客户节省开销，利用巧妙的方法获利更多。

让客户感受到你真心为他谋取利益的想法和行动，从而打从心底地接受你、认同你、相信你。让客户短时间内选择相信你，最简单的方法就是帮他做出正确的决定。如果你的决定是正确的，客户自然会对你的能力刮目相看，进而关注你、信任你。

当然，在这个过程中，也要时刻把握一个原则：你不是来给客户当老师的，你是为客户提供产品和服务的、是为客户解决困难的。这样，客户才会在谈判过程中慢慢卸除防备心理，敞开心扉，接受你的建议。

　　某钢铁公司总经理乔治想为公司购买一栋房子，于是他去咨询房产界知名人士莱特，对他说："莱特先生，我们钢铁公司过去很多年租住的都是别人的房子，真希望可以拥有一个自己的房子。"此时，乔治的目光透过窗户，看着外面繁华的街景说道："希望我新买的房子也可以看到这样的景致，你能帮我物色一下吗？"

　　莱特花了很长时间琢磨乔治想要的房子，他画过图纸、做过预算，还是找不到头绪。在很多可以考虑的房子里，最佳的选择就是乔治钢铁公司所在的那幢楼房，因为只有那幢楼房可以看见乔治要求的街景。

　　经过沟通，乔治表示他不可能对一栋旧房子感兴趣。乔治说这些的时候，莱特并没有表示反对，只是安静地听着。他试着站在乔治的立场上，将自己代入为乔治去分析他创立公司的初衷和发展以来的心路历程。一段时间后，莱特发现，乔治想要的房子其实就是他自己所反对的那栋，只是乔治现在还不知道自己真正想要的是什么而已。

综合这些信息后，莱特开始向乔治提出如下问题："乔治，当初你刚刚创业的时候，你的办公室在什么地方？"乔治回答："这里。""你公司成立的地点是哪里？""也在这里，就在这个办公室里。"

过了一会儿，乔治突然说："细想一下，这所房子才是我应该购买的房子，毕竟这是我们公司的发祥地。它见证了我们的起步和发展，还有什么地方比它更有意义呢？"说完这些，乔治迅速同意购买这栋旧房子，并在很短时间内完成了交易。

没有使用什么特殊手段，也没有什么华丽的语言，莱特便轻松完成任务。

其实，莱特销售成功的奥妙就在于他考虑到了乔治的需求，站在乔治的立场上分析乔治想要的房子的背后意义，运用巧妙的问答方法刺激乔治意识到自己的心理需求，让其明白自己真正想要的房子，其实就是出于对那旧房子背后意义的不舍和自豪。

莱特的成功，完全是依靠他能设身处地地为乔治着想，站在乔治的角度分析：这所房子见证了自己的成长，有自己喜欢的建筑格局，也有自己喜欢的景致；这所房子已经变成自己生活的一部分，看着它就仿佛看见了自己的成功，心中的自豪感不言而喻；这是个很有意义的纪念地。

很多人误以为在谈判时应赶尽杀绝、毫不让步。但事实证明，大部分成功的谈判都要在彼此和谐的气氛下进行才可能达成。在相同交涉条件上，多站在对方的立场去沟通，往往更有说服力。因为对方更会感觉到：达成交易的前提是双方都能获得预期的利益。

记住，你是在帮助客户，在给他带来利益，这就是你成功的心态。

例如，在每一次的商务交际谈判中，松下电器公司创始人松下幸之助先生总是抱着这样一种想法：如果我站在对方的立场看问题，我会想什么、想得到什么、不想失去什么。仅仅是转变了一下观念，松下先生往往能从困惑、犹豫、矛盾中获得解决问题的方法。后来，他把这条经验分享给松下的每一个员工。

站在对方的立场上考虑问题，他的所思所想、所喜所忌都会经过你慎重的分析。那么，之后与其进行的各种谈判，你都可以从容应对，要么表示理解，要么加以防范。但要记住，站在对方的立场看问题并不是利用对方的弱点威胁对方，而是找到一个大家都受益的共赢点。知己知彼是沟通成功的关键，但如果一开始就将沟通的关系对立起来，后面谈判的结果可想而知。

要想谈判成功，适当使用技巧与手段是可以的，但沟通双方必须首先站在对方的立场看问题，相互尊重，相互理解，追求双赢。这是职场达人立身处事的黄金法则。

扩展式提问，提炼直击重点

下面是负责销售招聘会展位的销售员刘天、张鹏利用提问方式探求某企业人力资源王经理的需求以及取得相应销售业绩的案例。

刘天："您好，王经理！请问贵公司目前有招聘员工的需要吗？"

王经理："我们准备招一名电工。"

刘天："实在太好了，那么，您能否考虑一下参加我公司在周末举行的综合招聘会？只需要 200 元即可申请一个展位，效果非常好，价格也是很实惠的。"

王经理："对不起，我想这个职位暂时不着急，所以现在不需要，谢谢！"

刘天："这样啊，那没关系，如果之后有需要，请您给我回电，好吗？"

王经理："好。"

张鹏："您好，王经理！请问贵公司目前有招聘员工的需要吗？"

王经理："我们准备招一名电工。"

张鹏："请问您准备招的电工是普通水电工，还是需要懂得电器设备维修、维护的高级水电工呢？"

王经理："没想到你还挺专业。我们公司的机器特别多，因此要求电工必须懂得电器的日常维护和维修。之前的电工就是因为对设备维护不熟悉而不能胜任，结果被老板开除了。"

张鹏："如果是这样，那真的有必要认真招一名水电工了，否则随便去找，也未必能找到胜任的。那么我再问一下，贵公司电工的待遇如何呢？"

王经理："定岗月薪是 4000 元。"

张鹏："坦白说，这个待遇不高，只能勉强招到一名普通水电工。如果要按贵公司的要求，需要招一名懂得电器设备维修的人，月薪通常在 5000 元左右。"

王经理："是吗？难怪上次招聘的水电工水平那么差。"

张鹏："是的，王经理。我建议，您最好向老板提一下，把这个岗位的月薪提高到 5000 元。水电工这个职位是比较重要的，如果水平高，则能为工厂省一笔设备支出。我想，您的老板会明白其中道理。还有，一个好的水电工可能并不容易招到，因此，我想为您设计一个简单、实用的招聘方案，以便招到合适的人选。您觉得可以吗？"

王经理："你非常专业，我会认真考虑你的建议。"

张鹏："谢谢认可。我建议为您安排周六、周日两场招聘会的两个展位，价格是 900 元。此外，还可以送您一个报纸招聘广告刊登的版面。我认为，这个方案可以集中时间尽快把这个岗位招聘到位。您看如何？"

王经理："我只是招收一名水电工，却要安排两个展位，还要登报招聘，是不是有些浪费？"

张鹏："王经理，考虑到您招的不是普通水电工，现场招聘不一定能招到，因此，有必要增加报纸招聘的渠道。另外，报纸会在工业区内派发，扩大招聘的覆盖面。同时，员工一步到位，这也会为您省去日后不必要的麻烦。再者，这个方案的价格非常优惠，实在很适合贵公司的情况。"

王经理："的确如此，之前招收的员工水平不行，没干几天就走了，反而更麻烦。那就按照你说的，咱们马上签合同吧。"

在这个谈判过程中，销售员刘天没有取得销售业绩，也没能取得客户王经理的信任，这也将影响他的下次推销。而销售员张鹏则出色地完成任务，取得了900元的销售业绩，并且通过与王经理的良好沟通，得到了对方的信任与认可，为其日后的资源拓展和持续销售打下了良好基础。

不难发现，张鹏激发客户需求的提问方法就是不断扩大问题，让客户的问题变得更加严重和紧迫，而且十分必要，也就是在不知不觉中引导对方完全同意他提出的要求，没有任何拒绝的理由。

这就如一些优秀的保险推销员，通常他们会给目标客户发出或传达一些"灾难事件"的消息，制造出问题的严重性和紧迫性，使得客户感觉这些事故随时会在自己身上发生，不买保险就不安心，甚至还要趁早购买。如此，保险推销员为自己赢得了下一次的谈判筹码。那么在职场中，我们如何才能通过扩大问题的迫切性，以激发客户的最大需求，并达成谈判目的呢？

其实，我们可以这样做。

1.通过提问来获取客户的基本信息

比如贵公司是否需要招聘，招聘哪些岗位，招聘的人数是多少，是否着急。通过简单的提问，可以帮助你对谈判客户有一个基本的了解，并有助于你对客户需求做一个大致判断。也就是说从对方的回答中，你可以确定谈判客户是否有继续深入谈判的必要。

2.通过向纵深提问来找出客户的深层次需求以及其需求背后的因素

比如职位空缺时间多久，没有急于招聘的原因有哪些，贵公司设定这个岗位的原因。在这个阶段，你要把"听"的功夫做到极致，尽量挖掘客户回答中的关键信息，挖掘对方深层次的需求。

3. 通过提问来激发客户的需求

比如没有急于招聘有哪些影响，贵公司其他部门的想法如何，客户领导的意见如何，没有招聘到位会产生哪些影响。

4. 根据客户的回答，引导客户解决实际问题

比如建议尽快招聘，立刻消除隐患。

5. 提出具体解决方案

抛出一个看似非常利于客户的，而且具有针对性的解决方案。这时，就可以抛出自己的谈判目的和要求，让客户在不知不觉间掉进你设定好的、无法拒绝的"圈套"。

一个优秀的职场人要能很好地设计自己的提问。根据上面的步骤，你要先把问题分一下顺序，先提什么再提什么，最后提什么；其次，你需要预估谈判客户可能会怎么回答你的问题。注意，如果对方对你的提问做出完全出乎意料的回答，你也要事先准备这类"意外"的处理，以免自己陷入被动状态而尴尬。

要切记，前面的提问都是为后面真正的谈判做铺垫的。通过前面的"寒暄"对谈判对手有了基本了解后，就要通过正式的谈判来达到我们的目的了。要想对方按照你的思路走，采用这种扩展式提问，能在我们营造的迫切性氛围中引导客户"点头"接受。

引导客户说"是"，让谈判更为主动

世界销售大师托德·邓肯在销售时，总爱向客户问一些主观答"是"的问题。他发现这种方法很管用，当他问过五六个问题，并且客户都回答了"是"时，再继续问其他关于购买方面的问题，客户往往会点头，这个惯性会一直保持到谈判成功。于是，他请了一名心理学专家为自己设计了一连串这类问题，而且每一个问题都让自己的客户回答"是"。利用这种方法，托德·邓肯谈下了很多大额保单。

他开始不明白其中的原因，后来心理学专家告诉他：人的思维都是有惯性的，当你朝某个方向思考问题时，你就会倾向于一直考虑下去，这就是有些人一旦沉醉于某些消极想法之后难以自拔的原因。在说服客户的时候可以利用这种惯性，一开始就引导对方说出更多的"是"，尤为关键的是，想办法得到对方的第一个"是"，它是整个谈判过程的关键。

美国心理学家阿弗斯特在《影响人类的行为》中说道："一个'不'的反应，是最难克服的障碍。一旦一个人说出'不'以后，出于自尊心，他总是会固执己见。可能过后他会觉得当时的'不'是不恰当的，然而当时他必须要坚持。所以，一开始使人采取肯定的态度极为重要。"

在说服对方的过程中，一开始就让对方说"是"，可以使整个谈判过程向肯定的一面发展，这是说服过程中所必需的心理，并且有助于对方放松情绪，使整个谈判保持和谐的气氛。相反，如果一开始就说"不"，就容易引起对方的情绪对立，致使对方形成一种拒绝的姿态。

那么，怎样在谈判过程中让客户一开始就认可你，对你说"是"呢？

1. 和客户言语风格保持同步

可以掌握客户在谈判前几句话中经常用到的词语，把握客户的语言特点，用相同或相似的语言风格与之沟通，以产生良好的语言感召力，与客户产生语言上的共鸣。比如，当客户提到"这件衣服的款式很漂亮"时，你就可以使用"漂亮，时尚，不会过时"等共同语言使谈话在良好的氛围中继续下去。

2. 和客户的行为动作保持同步

要想找到和客户的共鸣点，就必须学会用客户的表征系统来沟通，然后有力地传达我们的信息和谈判目的，减少对方说"不"的机会。

客户的表征系统主要分为视觉表征、听觉表征、感觉表征等。比如，在和客户交谈的过程中，客户的眼神总是自然地扫过或停留在一处事物上，那么我们也要把眼神自然地放到该事物上。在共同的表征中，可以造成与客户共同或相似的心境，使谈判更为顺畅。

3. 多提出封闭式的问题

开放式问题是指那些没有明确指向性的问题，比如"您今天下午有时间吗"，如果这样问客户，那得到的回答很可能是"没有"。开放式提问与封闭式提问的区别在于客户回答的范围大小。

若在提问时给客户限定一个范围，比如"您是下午三点有时间，还是四点有时间"，这就是一个封闭式问题。这样提问时，客户往往会被我们的思路所牵引，思考自己是三点还是四点有时间。不过，无论客户的回答是几点，都是对我们的肯定回答。

选择提问法，帮客户赶走犹豫

在谈判中，谁的选择多，往往意味着谁的胜算大。例如，每到租约快到期时，房东就开始衡量，如果提价，则需要考虑：是否容易找到下一个租客、周围楼宇的租金情况如何、在更新家具方面需要支付多少费用。租客也在衡量：附近有没有更好的房子、有没有离公司更近的房子、寻找新住处需要跑多少个地方、搬家投入多少精力和金钱等。在双方衡量之后，无疑，拥有越多选择权的一方在谈判中越占据优势地位。

在谈判过程中，谈判者都希望客户可以按照自己的心意来做出选择，但如果把意愿强加给客户，一定会引起他们的反感，甚至导致事与愿违，影响谈判结果。其实，用"二选一"的选择提问法来分析客户的意向，即可取得意想不到的效果。

谈判高手都懂这个道理，所以，在进行谈判之前，他们往往会收集大量信息，以便及时给客户提供选择。

    ××连锁店在城里开了两家，生意一直很不错。但连锁店的负责人发现，这两家连锁店饮料的销售额相差很多。经过仔细、认真调查，他得知，原来餐厅服务人员的提问方式有问题。

在饮料销售比较差的这家店，餐厅的服务人员总是这样问客人："先生，您想要喝点什么？"

由于很多客人并不清楚餐厅具体有哪些饮料，结果很多时候客人往往会点像雪碧和可乐这样的大众化饮料，甚至有的客人干脆说："我不要。"最终导致饮料的销售额不太理想。

在饮料销售较好的这家店，餐厅服务人员的问法是这样的："先生，我们餐厅有椰汁、芒果汁等饮料，请问您需要哪一种饮料？"

客人听后，大多会选择价格相对较高的椰汁或芒果汁中的一种，而不是选择价格较低的雪碧或可乐。更重要的是，客人听到这样的提问，很少回答"我不想要饮料"，因此，这家店的饮料销售额相对理想。

在这个案例中，饮料销售额较多的这家店的服务人员采用的就是"二选一"式的提问法，这会让客人陷入提问者为其"既定"的套路中，并不由自主地给出一个有利于提问者的选择。

在心理学上，有一个术语叫"沉锚效应"，意思是当人们在做决策时，往往思维会被听到的第一信息所左右。换句话说，就是人们得到的"第一信息"会像沉入海底的锚一样，将思维牢牢固定在某处。

因此，在谈判时，建议尽量不要使用"是"或"否"的问句来进行提问。因为客户在听到这样的问句时，给出的答复往往是"要"或者"不要"。而如果以选择性的问句向客户提问，客户的第一反应往往就是从谈判者提出的问题中做出一个最适合他们的选择。

在实际谈判中，一些经验丰富的谈判高手就特别善于利用"二选一"选择提问法来促使客户更多地购买自己的服务或产品，并将主动权牢牢掌控在手中，以促成更多次有利于自己的谈判。

此外，谈判者还可以利用"二选一"选择提问法来应对客户的拒绝。比如，有的客户经常说"我现在没有时间"，此时谈判者可以说："您一定是位特别能赚钱的大忙人，可能您听说过洛克菲勒所说的'每个月用一天时间在钱上好好盘算，要比整个月都工作重要得多了'。我想，您肯定也会用一天的时间来计划钱的去处吧？我肯定不会耽误您太长时间，只需10分钟就可以。那么，您是星期一比较方便，还是星期二比较方便呢？"

当客户用"我现在没钱"来委婉拒绝时，你可以说："如果您说的是真的，那就更有必要进行系统化的理财服务了。而我们在这方面的服务是领先的。因此，我还是先给您送些资料看看吧。您看是星期五，还是周末比较方便？"

如果客户说"不好意思，目前的具体情况还不能确定，所以不能答复你了"，此时你可以接着说："既然您还没有做决定，那么就请再考虑一下我们的方案是否符合您的标准，我们会随时与技术人员联系，并改善方案中的不足之处。您看，我和技术人员是星期一过来，还是星期二过来比较方便？"

总之，不管客户用什么理由进行拒绝，你都可以用"二选一"的选择题来主导谈判进程朝着你期望的方向发展。

但需要注意的是，在面对客户拒绝时，千万不要表现出自己的不满情绪，或者反驳对方。不管客户说出任何理由，都要首先赞同他的观点，只有对客户表示认同，取得客户好感，才有机会与客户继续交流，也就才有机会使用"二选一"选择提问法。

此外，在使用"二选一"提问法时，还应注意下列几点事项。

1. 以咨询的方式提出，效果最佳

以第三者的角度，并以询问的方式提出"二选一"时，效果最佳。而且还应注意，所推的产品必须是客户准备选择的产品，这样成功率更高。

2. 把希望客户选择的项目放到"二选一"的最后

在设置"二选一"的顺序时要花一些心思，也就是把希望

客户选择的项目放到最后。这是因为，人往往具有跟随最后选择的习性，这样，就容易引导客户自主地选择符合你心意的那一项。

3. 所提问题中，不要带有"买"字

如果在提问中不用"买"字，客户在心理上就会感觉这是自己的选择，也就有了主动感和参与感。因此，在谈判中，可以多用"选择""给"等文字来代替"买"字。

4. 提供的选择不要过多，两个选择的效果最佳

如果销售人员给客户的选择过多，就容易使客户陷入难以判断或难以抉择的境地，提供两个选择的效果最佳。

高情商提问，让谈判更见成效

在职场中，谈判无处不在。谈判是一项集政策性、技术性、艺术性于一体的社会经济活动。按照一般认识，谈判是人们为了协调彼此之间的关系，满足各自的需要，通过协商而争取达到意见一致的行为和过程。在谈判中，精妙的提问是很有力量的工具。问题决定商谈、讨论或辩论的方向，适当的提问常常

能引导谈话的结果，有助于把握博弈主导权。

在谈判中，通过恰到好处的提问，可以初步了解谈判要点，得悉对方的实力、要求，掌握各种有关的信息和背景资料，准确掌握对双方合作有利的信息。通常当你向对方发问时，对方首先想到的是："你为什么想要知道这件事呢？"问题是将谈话方向引向深入的线索，能引导双方更加积极地参与谈判。因此，提出一个好问题往往会起到关键性的引导作用。

蔡康永在《真情指数》节目中曾采访成龙。当时成龙刚拍完一部新电影，蔡康永问成龙的第一个问题："拍电影累不累呀？"

看似轻描淡写的问题，却让成龙在节目中哭了整整15分钟。一向以硬汉形象示人的成龙，因为这样一个直击心底的问题而情绪失控。

作为一个采访者，蔡康永的提问独具一格，他没有去问很多采访者都会关注的问题，如电影拍摄的手法、该电影表达的内容特色、拍摄时的花絮等，而是另辟蹊径，找了一个"出人意料"的话题来提问，情商之高，令人赞叹。

同时，提问还可以促使谈判双方有一个较深入的理解，若分歧出现时还可以促使双方通过沟通来解决，并使谈判取得最后的成功。有分寸感的提问，还能决定和引导谈话的方向，控制谈判进程，如当谈判氛围渐趋紧张、尴尬时，提问可以减缓谈判速度，给彼此冷静分析的时间，也有利于己方思考新的进攻策略。

融洽的提问环节，有利于表达自己的要求，表示对对方的尊重之意，博得对方好感，并避免沟通中出现信息错位，保证交流顺畅。通过提问，我们还可以把自己的想法和感受传达给对方，例如你向对方发问："这样处理的结果是最合理的吗？"这句话好像是要对方给出证明该处理结果的论据和保证，同时表达了你的质疑，给了对方一定的压力。

好的问题往往会有意想不到的效果，因此，在谈判中灵活巧妙地运用提问技巧是至关重要的。那么，高情商提问的注意事项有哪些呢？

1. 首先营造轻松的谈判氛围

没有人会喜欢审问式的交谈方式，谈判也是这样。审问式的提问方式，容易使对方产生被胁迫的感觉，从而增强戒备心理，甚至引起严重反感，使得谈判陷入紧张严肃、死气沉沉的氛围中。在愉悦、轻松、自然的氛围中展开谈判，对方更容易把心理底线暴露出来，此时，针对谈判目的提出各种问题，便不显得突兀。

2. 开放式提问，多收集信息

绝大多数客户都不会喜欢连珠炮式的提问，问题过多，反而会引起对方反感。谈判的成功很大程度上取决于对对方的了解程度。向对方提问的过程是获取价值信息的重要过程。在合适的时机和场合下，尽量提一些对方需要很多语言才能解释的问题，这种问题称为"开放式问题"。

在轻松的谈判氛围中，通过开放式的提问，可以让对方不自觉地、更多地表达自己的观点和想法，有利于我们收集更多谈判信息，并分析出相应对策。

因为开放式提问不限定答复的范围，可以让对方畅所欲言，同时作为发问者，也可以从中获悉对方的立场与感受。

清朝大臣曾国藩在创建湘军之初，有一次，他要求几位得力部下在三天内各自制订一份士兵训练方案。第四天，曾国藩召集大家开会讨论可行方案。当讨论到王鑫制订的方案时，性格耿直的罗泽南直言不讳地问王鑫："你制订的方案也不太合理，对吧？"

罗泽南的这个提问，让王鑫心里很不舒服，从此两人关系恶化。曾国藩慧眼如炬，后来将其二人分调领军，才最终使得他俩得以荣登湘军悍将排行榜。

例子中，罗泽南提出的问题带有个人诱导性，暗示了王鑫方案的不合理。这种让对方只能回答"是"或"不是"的封闭式提问方式，很容易让对方陷入尴尬境地。此时，若罗泽南能使用开放式提问，比如委婉地问："你觉得你制定的士兵训练方案可行的原因是什么？"这样不带个人倾向色彩的开放式提问，更能让对方保持平和的心态来回答。

3. 封闭式提问，引导对方回答

封闭式问题是指在特地范围内引起特定答案的问题，常用"是"或"否"来作为提问的要求。这类问题最大的好处在于能够确认对方对某一事件的态度和看法，从而帮助真正了解客户的想法。

这种方式与上面提问的方式恰好相反，比如问"你确定要购买这种型号的手机，是吗"，明确提问客户需要明确回答的问题，可以使自己在谈判中保持主动地位，主动引导对方按照自己的设想和思路逐步展开谈判。

4. 探索式提问，挖掘更多信息

探索式提问是针对对方的答复，要求引申或举例说明的一种问句。如"你说你们的产品在价格上比市面上的同类型产品更有优势，且性价比更高，那你能否说明一下这个性价比更高是以何数据或研究支撑的吗？"探索式提问不仅可以帮助发掘对己方有利的较充分的信息，还可以显示发问者对对方答复的重视程度。同时，探究式提问可以帮助我们发现对方表达内容背后的真正意图。"你为什么这么说""你还知道些什么"都属于这类问题。

5. 充分准备应对方案

在提问前应该做好准备，选择适当的时机发问，让对方不能及时想出适当答案，从而赢得谈判的主导权。同时，要对对方可能作出的反问设定预备方案，以免使自己在被反问后陷入被动状态。要避免提出那些可能会影响对方让步的问题，这类问题往往会影响谈判的结果。因此，提问时不仅要考虑自己的退路，同时也要考虑对方的退路，把握好时机和火候。

6. 避免反复提问同一个问题

记住，不要以高一级的态度来询问对方，这样会使对方产生敌对情绪与防范心理。另外，重复连续地提问对方同一个问题，往往会导致对方产生厌倦情绪而不愿意回答，甚至在反感心理的作用下会给出并不理智的答案，影响谈判结果。

7. 提问简短，简明扼要

提问的句式应尽量简短，让对方在短时间内得到你提问的关键。如果提问的话比对方回答的话还长，容易陷入被动，这种提问显然是失败的。提问一定要简明扼要、一针见血，指出关键所在。用语要准确、简练，以免使人理解起来含混不清，产生不必要的误解。

8. 不要强迫性追问

如果对方给出的答案不够完善，你无法从其中获取有用的信息，或者对方回避不答，这时不要强迫性追问下去，而是耐心地等待时机到来时再继续追问，否则不仅容易引起对方反感，还会让对方意识到该问题对你谈判策略的重要性，出于应对，从而更加闭口不谈，让你陷入尴尬局面。

9. 先听完后发问

在倾听对方表达时，如果认为对方表述的点有利于展开攻击或可以继续深入探讨，这时切记不可急于提出自己的想法或问题，这样不但影响对方接下来的阐述，而且容易使对方意识到其表述的失误或意识到你的意图，从而立刻调整谈话策略，对重要信息避而不谈。

10. 问题不能太尖锐，范围不宜太大

有技巧的提问是要先问小问题、容易的问题，看看对方的态度如何。如果对方能给出详细的回答，再往大的、深入的方向去提问，这样更容易得出你想要的信息。同时，避免提问过于尖锐，或带有敏感词、容易激起对方不满情绪的问题，提问的态度应保持真诚，语调柔和。

会不会提问，是一个人身上很重要的一项软技能。提问题，是人人都懂的事，但会高情商提问，却是现代职场人的一项硬核考验。要做到谈判无往不利，首先锻炼自己提问的技巧吧。

当面对对方的提问时，也要有足够的谨慎和细心，需要注意以下四点事项。

第一，避免马上给出意见。当对方提出一个建议时，要避免马上给出赞成或反对的意见。考虑对方的提议时，可以适当沉默，不要表现出明显的神情变化，以避免对方根据你的身体信息去猜测你的谈判意图。找出彼此立场的共同之处，等对方把话说完之后再冷静给出答复。也可以适当采取缓兵之计，如"需要请示领导""需要再跟财务确认""需要征求采购人员的意

见"等。

第二，把握清楚。对于你没有把握的问题，要集中精力展开讨论，并引导对方去纠正、完善，这有助于你在讨论的过程中提取有用的信息，完全理解对方的意思，再给出答复。

第三，提供选择。在回答对方的提问时，可以考虑给对方提供一种选择，可能对对方有好处，也可能有不足的地方。对方会从中选取对自己较为有利的一个，你便可以从中获悉对方作出此选择的意图。给出"优惠"的选择后，同时表达出你做了适当让步的意思，对方的态度也会稍有缓和。

第四，适当利用沉默和冷场。沉默和冷场有时也是一件好事，如遇到双方僵持不下的事，适当沉默后，对方就有可能先开口说话，从而你可以得到更多信息。出现冷场时，迫于尴尬的情况，对方也可能会先考虑自己的言行是否有失误，如考虑提出的条件是否合理等，主动调整谈判方向。

第五章

不语胜万语，让对手点头的攻坚术

化解僵局，扭转谈判局势

在商务谈判过程中，经常会因各种各样的原因，使谈判双方僵持不下、互不相让。应该说，这种现象是比较客观和正常的，诸如相互猜疑、意见分歧、激烈争论等现象，在争取利益的较量中也比较常见。

一般来说，谈判僵局是指在谈判过程中，当双方对所谈问题的利益要求差距较大，双方都不肯做出让步，导致双方因暂时不可调和的矛盾而形成的对峙，而使谈判呈现一种不进不退的僵局。僵局是不可避免的，仅仅从主观意愿上不希望僵局出现是不现实的。出现僵局不等于谈判破裂，但它严重影响谈判的进程，如不能很好地解决，就会导致谈判破裂，关键在于认真分析出现僵局的原因，采取恰当合理的策略来应对，达到共赢的结果。

出现谈判僵局，要求我们有足够的勇气面对僵局，有巧妙的智慧化解僵局。出现僵局不可怕，可怕的是你在僵局面前乱了方寸、乱了阵脚，让己方陷入被动。必须深入了解僵局产生的原因等，才能对谈判局面加以判断，从而采取进一步的策略应对，重新扭转谈判局势。

在谈判桌上，如双方对某一问题坚持自己的看法，意见分歧大，冲突和争执容易被激化，从而出现僵局。当双方针对某一条件有各自的理解，或由于主观和客观的原因导致双方理解的信息不对称时，也容易出现理解障碍而导致僵局。当谈判价格出现变动时，对方不愿意信守承诺签约，也容易出现僵局。

某一方表达用语不当，激发对方情绪或触犯对方底线，容易损伤对方自尊心，导致僵局。为了达成目的，谈判一方或许会故意制造谈判僵局，为了给对方制造压力，扰乱其阵脚。当然，若谈判者素质偏低，遇到意见不合的问题即出现过激反应，或容易冲动做出不合理的谈判策略等，也会诱发各种僵局。

在僵局已经形成的情况下，一般应采取以下对策来缓和双方的对立情绪，使谈判出现新的转机。

1. 恢复冷静与理智

当对方脱离谈判目的，盲目坚持主观立场，而激化情绪时，这时必须保持冷静，可以暂时休会反思，或把语速减缓、语调放低，用柔和的语气缓解对方过激的情绪，促使其恢复冷静，等到情绪、心态恢复正常再重新回到谈判桌上。

2. 不要逃避，积极应对

应抛弃旧的传统观念，正确认识谈判中的僵局。许多谈判人员把僵局视为失败，企图竭力避免它。在这种思想指导下采取的消极躲避是错误的。在出现僵局时，首先要正视僵局的不可避免性，然后设法积极应对，迅速从自身积累的谈判方法中搜索出最适合破局的策略，才是正确态度。

3. 自我暗示

当己方意见与对方意见不一致，而一味坚持自己主张，甚至出现恼怒情绪时，应积极进行自我暗示，要求自己恢复冷静，调节失控的心理，及时转换现场气氛。

4. 迫不得已，及时换人

当与对方产生的冲突到了不可退让的地步，甚至可能产生更严重的后果时，应审时度势，及时采取换人策略，更换场上的谈判者，以保证谈判继续进行。

5. 多倾听对方意见

高情商的谈判者往往能欢迎和尊重其他人的意见，有宽广的胸怀。在出现谈判僵局时，更应该采取包容的态度，平心静气倾听对方的意见，从而找出化解僵局的关键信息。

6. 避免无谓的争吵

若双方的争执无伤大雅，甚至缘于无关双方利益的小事，争吵下去，只会浪费彼此的时间，且加重双方的对立情绪。因此，最佳的处理方式是跳过这些小事，或者放弃这小小的利益，以顾全大局为重。

7. 首先示弱，稳中求进

在顾全对方面子的基础上，己方可以首先示弱，以退为进，表达这次谈判的立场、观点和诚意，挽回对方的尊重，甚至在恰当的时机提出己方要求，稳中求进，让对方不好意思拒绝你的示弱，进而改变强势的谈判态度，首先化解僵局。

8. 耐心说服

若对方还是继续坚持自己的观点和主张，而这观点有悖于己方设定的谈判目标时，这时切记稳住情绪，不可急于求成，应拿出加倍的耐心，灵活运用多种说服技巧来"征服"对方，耐心是战胜一切谈判"急症""难症"的关键。

9. 拿出证据，以理服人

可以拿出事先准备好的各种数据资料或真实案例，有理有据地说服对方接受你的意见或观点，这时的说服是有数据支撑的，说服力强，更容易打动对方。

10. 运用休会策略

谈判出现僵局，双方情绪都比较激动、紧张，而谈话一时难以继续进行时，提出休会是一个较好的缓和办法。双方可借休会时机冷静下来，恢复理性思考，也可以召集各自谈判小组成员集思广益，商量具体的解决办法。

11. 避重就轻，转移视线

若只是僵持于一个点上，双方可以先避开这个纠结的问题，磋商其他条款。避重就轻，转移大家的视线，先洽谈其他容易达成一致的内容，待双方谈判信心有所增强时，再重新提出之前僵持的点，则谈判成功的可能性更高。

不带情绪的谈判，胜算更高

国外有项研究结果表明：谈判破裂（失败）的原因中，66％（也就是约2/3）来自情绪的干扰。在职场谈判中，因为必须在短时间内决定较大的利益关系，参与者一般要承受较大压力。在紧张、充满压力的氛围中，在严肃的谈判环境下，人们容易出现各种各样的情绪，如沮丧、焦虑、恐惧、急于求成、不忿、激怒等，以及渴望被关注、被重视，或不以为然、心不在焉等，这些情绪会在极大程度上影响我们的决定以及谈判的最终结果。

谈判是情绪互动的过程。有人说，其实谈判是理性的活动，如果仅以"谈判时不以原则交易"出发，是正确的。但谈判者都是有感情的，因此，谈判中的情绪互动是一个现实的原则。这种情绪互动可以体现在各方对情绪的控制上。

如果对方谈判时情绪激动、难以自已，而你始终保持冷静，且礼貌有加，常常能使对方尽快冷静下来。这种情绪互动，还可以体现在谈判破裂时，双方依然彬彬有礼、大度谦和，这时千万不可流露沮丧的情绪，因为以后也许还有合作的机会。这些都是情绪控制在谈判过程中的互动与体现。

世界著名谈判大师罗杰·费希尔说："双方对话不仅需要

运用头脑，还需要运用直觉。理智和情感，一样都不能少。"
高素质的谈判者，除了会控制好自己的情绪，使之不受压力的
影响以外，还会随时判断出对方的心理状态，以便自己及时判
断和早作准备，使谈判结果向有利于自己的方向发展。

那么，该如何锻炼自己的情绪管理能力呢？

1. 注意保持冷静、清醒的头脑

在谈判场合，保持清醒的头脑就是保持自己敏锐的观察力、
理智的思辨能力和言语行为的调控能力。当发现自己心绪不宁、
思路不清、反应迟钝时，应设法暂停谈判，通过休息、内部相
互交换意见等办法使自己恢复良好的状态。

2. 合理地表达情绪

自我情绪控制，并不是指压抑或消除一切情绪冲动。在遇
到不公正的情况时，生气有时也会产生强大的动力，但要注意
合理的表达方式。在谈判中，当遇到双方意见不合且己方利益
受到损害时，可以适当、巧妙、合理地表达愤怒情绪，表示坚
定的立场，使对方作出适当让步和妥协，以达到谈判目的。

3. 多做反馈式倾听

当生气的一方开始诉说自己的遭遇或表达自己的不满时，
倾听者应该作出适当反应。如果只是目不转睛地看着述说方，

没有任何面部表情或肢体动作，会给对方一种"你并没有认真听"的错觉，反而加重对方恼怒的情绪。多点反馈式的倾听，给予对方足够的尊重感，能在一定程度上缓解对方的情绪，促使谈判继续深入。

4. 保持原本的谈判动机

在谈判中，要始终保持正确的、原本拟定的谈判动机。商务谈判是追求谈判的商务利益目标，而不是追求虚荣心的满足或其他个人意愿的实现，要防止被对手的言语或抛出的条件牵着鼻子走。

情绪管理其实就是合理、合适地表达自己的情绪，它不是没有情绪，而是允许你有情绪。该哭、该笑、该闹，这才是情绪管理，情绪管理并不是把情绪全都扼杀掉。

谈判专家在有异常情绪波动时，会善于采用适当的策略办法对情绪进行调控，而不会让情绪对谈判产生负面影响。当有损谈判气氛、谈判利益的情绪出现后，他也会尽量缓和、平息或回避，防止尴尬僵局出现，导致谈判失败。因此，在进入谈判领域前，应先锻炼和加强自己的情绪管理能力，提高情绪自控力，方能在谈判开始就赢得主导权、说话权。

积极的心理暗示，给谈判找新的出路

一个无心的眼神、一个不经意的微笑、一个细微的动作，都可能决定你的成败，即使这是一次千万元级别的商务谈判。那些被我们所忽略的微小的身体语言，都有这一定的心理暗示作用。心理暗示指人接受外界或他人的愿望、观念、情绪、判断、态度影响的心理特点，也是在日常生活中最为常见的心理现象。

心理暗示是人或环境以非常自然的方式向个体发出信息，个体无意中接受这种信息，从而作出反应的一种心理现象。心理暗示的实质在于用含蓄、间接的方式，对谈判对象的心理和行为产生影响。这种暗示作用往往会使谈判对象不自觉地按照一定的方式行动，或者不加批判地接受一定的意见或信念。

通常情况下，人们进行谈判时无非是相互探查信息，在维护底线的同时试图使对方调整谈判底线，最后采取双赢的办法来解决问题。有人笑说，谈判手段除了威胁、利诱以外，就是讲道理。可当我们实际上不敢进行威胁，又没有足够的利益诱惑，道理也并不充分的时候，怎么办？这时可以利用心理暗示的手段来解决。

在谈判中，积极的心理暗示可以在无形中增强你的自信、增加你的底气，让你在谈判表达时思维清晰，不慌乱、不紧张。

下面向大家介绍一些使用的进行积极心理暗示的方法。

1. 自我提醒法

在准备介绍己方条件前，应该保持冷静思考，心中先将己方要介绍的情况捋一遍，给对自己心理暗示——"我能讲好"，这样的积极暗示必能为自己增添表达的勇气。

2. 转移法

当谈判方强势提出不公或不符合己方要求的条件，但难以反驳或拒绝时，可以先暂停谈判。看看窗外不同的风景，与己方人员交流意见，或听听舒缓的音乐，都可以适当转移注意力，缓解消极情绪，给予自己新的心理暗示——"没事，我们能想到新的办法"。

3. 冷静思考

如果你觉得客户下订单是对你的奖赏，那就给了他们胁迫你的权力。当对方开始给你奖赏或诱惑条件时，千万不要上当。在要求你作出让步时，他们可能会"不经意"告诉你下星期会有一个大项目很可能会交给你，这只是糖衣炮弹。这时，你大可以忽略这些诱惑，冷静分析目前形势，暗示自己规避这些"控制"。

面对任何谈判困境时，积极的心理暗示可以给你一盆"冷水"，让你熄灭准备燃气的怒火，重新进行冷静思考。当谈判并没有朝着你预期的方向进行时，适当的心理暗示可以消除你当下的消极情绪，让你重新燃起谈判的干劲，分析出新的对策。

用耐心打一场漂亮的持久战

谈判是一个复杂的、反复较劲的、斗智斗勇的、持久的心理博弈，而其中的耐心是谈判高手所共有的一种美德。真正的谈判高手往往都非常有耐心，绝对不会因为时间压力而仓促结束谈判，从而做出一些对各方都没有好处的决定。

一般来说，谈判非常耗时，谈判对手的目标往往是在每一个具体的环节上不断地讨价还价而逐渐展现出来的。讨价还价需要消耗大量的精力和时间，如果没有足够的耐心，可能在谈判结束之后，你还不清楚如何判断谈判结果。

其实，在谈判时还需要克服许多意料之中和意料之外的困难，经过多个回合才能达成协议，所以，没有耐心的人是不可能胜任谈判工作的。特别是有些谈判因为牵涉的层面过于复杂，或者因为谈判各方处于敌对状态，只是因为各种原因而不得不勉强坐到同一张谈判桌前时，这样的谈判就更加困难了。因此，耐心是一个优秀谈判者的必备素质。

对于谈判者来说，耐心是在心理上战胜谈判对手的一种战术与谋略，也是成功谈判的心理基础。有耐心的谈判者能表现得不急不躁，很好地控制自己的情绪，掌握主动权，还能更冷静地倾听对方的声音，了解其更多需求。拥有持久的耐心，也可以使谈判者更好地克服自身的弱点，增强自控能力，有效地加强、控制谈判局面。

那么，面对复杂多变的谈判场合，该怎么培养自己的耐心，完胜这场心理素质的较量呢？

1. 树立并明确谈判目标

在谈判桌上，缺乏耐心的一个重要原因就是没有事先明确目标，或者在谈判过程中被对方的言语所"迷惑"而被其牵着走，迷失了自己的谈判方向，进而急于求成，只想尽快获利、结束谈判。这些情绪会影响谈判进程，甚至带来不好的谈判结果。

因此，在谈判的每个阶段，如适时调整休会时间，以便调整谈判思路，再次明确下一步谈判目标。

2. 适时记录

谈判是一场持久的心理博弈战，不仅消耗彼此的时间，更消耗彼此的耐力，让双方变得急躁、不理智。当然，耗时太久，你的思考和表达可能会超出自己所能控制的范围，出现逻辑不清、表达混乱等问题，让己方谈判陷入僵局。

适时记录谈判过程中对方提出的要求、每个阶段取得的小进展或出现的问题等，能够尽快帮助你整理思绪、加深记忆、把握进度、调整策略。在记录的过程中，你将变得更有耐心，对所做的策略有清晰、理性的分析。

3. 自我激励

很多时候，当谈判一直僵持于某个点而无法得到解决，或者谈判中出现的困难超出我们的处理范围时，我们以为自己没有耐心了，不想继续谈下去了，想要妥协了。其实这只是自己对自己的放弃。当你觉得自己无法继续下去的时候，不妨在心里激励自己："我要冷静，我还可以坚持，我还可以继续攻破。"

通过自我激励的方式，你可以给自己烦恼的内心一个支撑点，让耐心逐渐增强，让理性逐渐回归。

4. 缩短时间，把控谈判进度

人的专注力是有时间限制的，耐心也一样。谈判持续的时间越久，耐心也将消失殆尽。其实，可以尝试着把控谈判进度，当双方在一些无谓的得不出结论的点上僵持时，大可以先避开这个讨论点，展开另一方面的谈判，以免时间白白浪费。把谈判进程加以控制后，这时的你能够让自己在较短的时间内保持专注和持久的耐心，效率更高。

在职场谈判中，耐心是对付脾气急躁、性格鲁莽、咄咄逼人的谈判对手的有效方法，是实施以软制硬、以柔克刚的最为理想的策略方法。一定要相信，忍耐之后必有回报。

耐心就像树苗，需要我们用心培养和浇灌。即使不是在谈判场合，在日常的职场工作中也应学会坚持，有意识地培养自己的耐心，将这种耐心内化为耐力，成为你的习惯，成为你职业发展道路上的助推器。

气场为王，用你的力量震慑对手

气场是一种影响力、震慑力，是个人人格魅力、专业技能以及一些硬实力的综合体现。一个人的气场，来自他的人生观、素质修养、社会见识、专业水平和自信心，归根结底，是对自己的认同和肯定。如果一个人对自我的认同程度建立在别人的评价上，对自己没有坚定、客观的认识，或者评价很低，他的气场就会很弱。

有强大气场的人，往往拥有良好的职业形象，给人端庄、稳重、值得信赖的感觉；有职业气场的人，往往一开口就能取得谈判主导权，一说话就能在气势上征服别人。

气场不是气质，而是一个人内在涵养的自然流露，却比内在涵养更加丰富、立体，有着摄人心魄的力量。"一个人的内心有多强大，他所向往和搭建的舞台就有多广阔。"这不是一句天马行空的广告语。我们每个人先天拥有的东西不一样，与生俱来的财富只是人生的一小部分，更多是后天培养的内心力量。当内心的力量被启动、被激发的时候，一股不可阻挡的气场就会散发出来。

那么，该如何打造属于自己的气场呢？

1. 不将就、不委屈自己

不用试图取悦别人，只要坚持不懈地追求自己热爱的事物，不用在乎其他人的眼光和看法。只管倾尽全力去做自己想做的事情，在谈判桌上坚持自己的观点和原则，不将就、不迎合。

2. 不浪费时间去处理无谓的事

对于谈判桌上出现的无法掌控的事情，拒绝浪费时间。要明白，一个人对事情的控制把握度越低，就越容易受到他人影响而做出不妥当的决定，让自己陷入谈判困境。因此，对于超出自己把控范围的事情，应尽量引导对方转变谈判风向，避免时间白白浪费。

3. 多留意别人的优点

想成为有气场的人，要多去看自己和他人的优点。人和人的好感是相互的，你发自内心喜欢一个人，对方也会因为感受到你的喜欢而对你喜爱有加。在谈判桌上，善于挖掘别人的优点并加以肯定、赞美，能让别人感受到你的善意，从而乐于与你展开深入的交流。

4. 让你的外表配得上你的能力

不同的人有不一样的气场。在提升内在素质的同时，还应该包装好你的外在形象，让你看起来专业而有严肃感，让你的职业形象配得上你的能力，从而散发强大气场。

西装搭配，既有西装的干练，又带有独特的优雅和气质，在每个年龄都能穿出自己的味道；纯色的衬衫能给人干净利索的感觉，同时不失端庄稳重；淡雅的妆容，能给人精神一振、眼前一亮的感觉，同时给人尊重之感。总之，平常可以多留意一些职业形象的打造技能，打造属于你个人味道的气场，为之后的谈判加分。

5. 管理情绪，提高情商

平时，有意识地学习管理情绪，并时常提醒自己多微笑，能在一定程度上提高情商。如客户提出一些"超额"的要求时，尽量以微笑相迎，并及时稳住情绪、冷静应对，这就是一种自控力表现的气场。

气场，其实就是我们经过后天的环境选择、生活中的点滴事情积累而成的一种内在修炼呈现出来的隐形能量和个人魅力。面对复杂的谈判场合，培养起属于自己的强大气场，无疑给了自己一种强大的后劲和助推力，让你面对谈判中出现的各种尴尬和窘况时都能应付自如。

用无声的语言赢得信任

随着商务交流的日益频繁，商务谈判的机会越来越多。肢体语言作为谈判中的重要策略之一，也越来越受到职场人的重视。肢体语言的真实和不易伪装，在谈判过程占有主导地位。

谈判是沟通，但并不一定是口头的。事实上，眼神、手势或姿势能比言语传达出更多信息。因此，留意并研究对手的肢体语言所传达的有用信息，便于让自己在谈判中处于有利位置。谈判高手都能灵活运用谈判中的肢体语言来取得对方信任，叩响对方心门。

肢体语言，即身体语言，指非语言的身体符号，包括眼睛和面部表情、身体动作和触觉、姿势、身体之间的空间距离等，这是除了语言表达外的另一种重要谈判策略。

当人们说话时，他们总是使用一系列动作来匹配他们自己的对话。与语言意识相比，这些动作是无意识的，可以反映说话者的真实想法。因此，在谈判桌上，我们不仅要听他们的话，还要看他们的身体。

通过观察对方的言行，你可以捕捉其内心活动的线索，还可以从对方的姿势中探索其心理活动。利用攻心的阅读技巧，你不仅可以判断对方思想的变化，还可以决定对方的对策，把控整个谈判进程。同时，您可以使用该语言有针对性地传达信息，让对方更加信任你，从而对你放下心理戒备，以便谈判朝对你有利的方向发展。

此时无声胜有声，该如何运用肢体语言，让对方对你产生信赖感，进而推动谈判进程呢？

1. 及时观察、及时分析

如果在谈到某个分歧点时，对方做出双臂分开、双手抓住桌边的姿势，不论坐或立，都是在强烈表示"注意听，我有话要说"的意思。如果你不能及时分析对方做出的这个姿势，甚至面对这样的姿势浑然不觉，无视那无声的信息，那甭谈信任了，对方肯定会认为你连基本的尊重都没能做到。因此，在观察对方动作的同时，要及时分析其背后的心理活动。

2. 注意距离

人与人之间的距离太过靠近时，会使双方都感觉不适，甚至会给人一种胁迫感、压抑感。记住，在谈判桌上，应和对方保持 1 米以上的距离，让彼此有"呼吸"的空间，这样才容易放下紧张的情绪，慢慢萌生彼此的信任感。

3. 得体的微笑

微笑很重要，但不能滥用微笑，这一点也一样重要。在谈判场合，要适时使用微笑为自己加分。如初次见面，介绍自己时，眼带笑意胜过满脸笑容。对方在介绍观点，并将眼神移向你时，你大可以点点头，微微一笑，表示你听懂了他的表述。在谈判出现分歧，气氛有点尴尬时，你大可以微笑着表达，表示你的情绪并没有受到干扰、你依然理性冷静。这样笑容满满的人，对方也会"另眼相看"，并容易对你产生亲和力十足的良好印象。

4. 放松面部肌肉

谈判进程阻滞时，不妨试着放松面部肌肉，舒缓紧张的压力。当面部肌肉紧张时，人的神态，甚至整个形象都容易给谈判对象一种压抑感、消极感。试问，这样一种疲惫、紧张的氛围，又如何能让对方跟你一起放松，并以融洽的氛围谈下来，对你产生信任呢？

5. 注意讲话语调

尽量分析客户讲话的力度、语调、回声与音量，这些都能极大地反映一个人在特定环境中的思维活动。模仿客户的讲话语调，与之保持相对一致，有利于给客户营造舒适、亲和之感。当然，谈判出现分歧，而客户语调变得高亢时，你也大可以跟着变幻语调，让声音为自己的气场加分。

6. 保持眼神交流

一般情况下，将眼光放在对方眼睛以下的脸部较低部分，能给人舒服的感觉。人们有时称这种注视方式为"亲切"的注视，或者称为"广为接受"的注视更确切一些。注意不要过多眼对眼地直视对方；持续不断的眼神接触会使人觉得不真诚，甚至让人觉得你有撒谎之嫌。

如果你想通过眼神接触来强调重点，让对方信任你，那么可以注视对方的颧骨。这种注视充满友好感，而且比起完全的眼神接触会更少紧迫感。

不过，谨记不要给对方留下故意躲开眼神接触的印象，这表明你的态度含糊、缺乏信心，或者会让对方认为你对他的介绍或观点并不感兴趣或不认同。

7. 掌握手部动作

当人们说话夸张、矫饰或撒谎时，一般手部动作少一些。有时候，有的人心不在焉，双手无所适从，或插在口袋里，或藏在椅子后面。为了获得信任，在谈判场合，请尽量让别人看见你的手部动作，并且使双手的动作表现得自然些。

第六章

掌握主动，击溃谈判壁垒

有理有据，一开口就能打动人心

职场谈判，实质上是通过语言进行的为"争夺"双方利益的经济活动，其成功与否，很大程度上取决于谈判者对语言技巧的运用。要达到双赢的结果，发挥双方的说服力是必然的，这时，就会运用到大量的说服技巧。有逻辑的、强大的、充分的说服技巧，往往能在一开口就获得谈判优势，牵着对方的鼻子走。没有职场说服力的一方，往往在气势上就弱下来了，更别谈说服对方。

在谈判关系中，由于利益和需求的冲突，我们常常需要通过协商和说服来达成目标。可以说，每一次谈判说服都是一场考验心理素质的战斗。优秀的高情商谈判者，一般拥有强大的职场说服力。

　　刘雯在公司工作两年了，除了刚工作的头半年涨了一点工资外，她的工资基本没有往上浮动过。刘雯自认为平时工作认真踏实，对加班毫无怨言。想到自己对公司的付出和到手工资的不符，她决心采取更有说服性的话语向老板方总请求加薪。

　　这天，趁着方总签下大单回来的好心情，刘雯来到方总的办公室。打过招呼后，刘雯微笑着提出了希望加薪的要求，并说明了理由："方总，我进入公司两年多了，虽然还不算是老员工，但您的知遇之恩，我也一直铭记在心。我觉得我对待工作认真负责，从来没出过大的差错，为公司的发展也尽过一份心力。

　　"我和男友一起5年了，都有一定年龄。最近家里也催着结婚，可是现在经济条件确实不宽裕，希望方总能考虑我对公司的付出，给我适当增加工资。我知道公司的运营资金也很紧张，但是增加工资后，我没了这些后顾之忧，更能全心全意为公司创造更大的收益。"

　　这番话于情于理都十分打动人，方总爽快地答应了刘雯加薪的请求。

　　刘雯先是表达了自己对于方总知遇之恩的感激，用真情打动她，再话锋一转，点明自己对公司作出的贡献，让方总认同她的工作态度和工作价值，继而说服方总认为刘雯的加薪请求是合理的。

　　继而，刘雯又联系到自身，用准备结婚，希望能增加收入这样一个让人无法拒绝的理由再次打动方总，让其产生同理心。

　　最后表明加薪后的自己会更加忠于公司，为公司未来的发展创造更大收益，来增加这个请求的迫切性和必要性。

　　这番话不长，但是很有技巧，巧妙运用的说服技巧来达成谈判目的，一开口就能说到别人心坎上，晓之以理，动之以情，这就是职场说服力的重要性。

　　在合作做事的职场环境中，有时难免会出现意见不一致，这时为了不影响彼此之间的合作关系，而又想要别人按照我们的想法去执行时，就需要运用一定的说服技巧。在谈判场合，意见不一的情况更多，这时不能强势要求别人认同，巧妙使用职场说服力来让对方点头，才是正道。

心理学家认为，在谈判中要争取别人来认同自己的观点，光是观点正确、论据充分是不够的，还需要掌握微妙的说服技巧来打动人心、说到他人心坎上。

1. 注意自己的仪表

通常认为，较高的言谈能力比较好的仪表魅力更容易赢得谈判优势，其实不尽然。很多时候，在开始谈判前，我们会不自觉地"以冠取人"。有人做过相关实验证明，穿着不同打扮的人去寻求路人帮助时，那些仪表堂堂、衣着端庄的人比不修边幅的人更容易获得帮助。

在谈判桌上也是如此，高情商的谈判者往往会注重自己的仪表，这是对自己的尊重，也是对别人的尊重，能给对方一种"你是一个有清晰条理、有理性思维的人"的良好印象，从而更容易被你说服。

2. 循序渐进地引导对方

可以循序渐进地引导，让对方用自己的说法来证明我们的观点是正确的。当出现意见不一致的情况时，不要互相争执，可以先通过一些方式去引导对方思考，按照他的想法来执行的话会出现什么问题，以此证明他的观点是不正确的。

当对方按照你的思路去思考时，就会渐渐被你带入到你的观点中。当然，你再按照现实情况慢慢抛出你的观点，然后循序渐进地引导对方向你的观点靠近，就很容易说服对方，并达成谈判目的。

3. 站在对方的角度去说话

因为职场势差的存在，不管你怎么认为道理在自己这边，对方往往会在其职位、经验上来说服你，或者和你有不同的利益诉求。在谈判时要说服别人，要求你从一开始就站在对方的角度去思考问题，换位去分析对方的谈判目的。"如果我是他，我会怎么做""如果我是他，我会想要得到什么""如果我是他，我会怎么说服对方"等，可以按此换位思考下的分析来引导自己的谈判思维。

4. 了解对方的兴趣爱好，以便投其所好

掌握对方的兴趣、爱好、日常信息等，一方面可以作为谈判的切入点，另一方面可以显示出你对对方的重视和关心，在实际谈判时照顾到对方的一些爱好、禁忌等，更容易贴近对方的心理，让其对你说出真心话。

5. 利用同理化心理诱导

理解对方的需求和感受，打消其顾虑，帮助其解决问题，能让对方感觉到你是真诚地为其利益着想，来达到双赢的局面。利用同理化心理诱导时，可以这么说："我能体会到你的顾虑和担忧，当然，其他寻求合作的谈判者也有各自的优势，但是经过详尽的分析，我们在 ×× 方面的优势是业内认可的，能为您带来更多利益。"以此来引导对方感受到你的真诚，更能产生强大的说服力。

6. 增加自己的说服力

借助于客观事实，利用好数据、资料、最新动态信息，利用有类似实际案例或体验的人讲述自己选择的过程等，都能在一定程度上增强你的说服力。因此，平时应注意收集这类信息，多浏览网站、多看书、多与他人交流、多总结自己在其他谈判上的得与失等，都能为自己的说服"锦上添花"。

7. "情"与"理"双管齐下

有的人较感性，有的人较理性，在与对方沟通的时候常常难以捉摸对方到底是哪一种，聪明的谈判者在说服时会用"情"与"理"双管齐下，动之以情，晓之以理。如此，感性的人会被"情"打动，理性的人则会被"理"说服。

8. 利用对方的好奇心

利用好奇心引起对方的注意力，然后抓住重点各个突破，更能顺势将对方带入我们的谈判圈套，实现我们的目的。可以抛出一些新奇的事情，激发起对方探索下去的好奇心，吸引他们加入你的话题中。一旦他们的注意力被你吸引过来，就要开始抓住重点，抛出谈判条件，向你既定的谈判目的靠拢。

9. 发挥"名人效应"

多数人愿意听从专家或权威人士的意见，在说服别人时，不如利用一下"名人效应"。或许有很多实际困难，一些名人也遇到过，这些名人到底是怎么解决的，他们有哪些技巧等，把这些名人名言或者名人故事巧妙地抛出来说服对方，此时，对方也会更容易接受我们的观点，起到事半功倍的效果。

说服技巧作为谈判策略的一种，越来越受到谈判专家的重视。说服是一种人们在沟通中通过传递信息使对方改变信仰、态度或行为的活动过程，核心就是利用理性力量和情感力量，通过自己的语言策略，令对方认同自己的观点，朝向你既定的目标去改变。

因此，要成为一名高情商谈判者，就要锻炼自己的职场说服技巧，巧妙运用语言艺术来为自己的谈判增加筹码，才能让对方心悦诚服地接受你的观点，最终顺利完成谈判。

一分钟攻破对方的心理防线

每个人都有设防心理，也就会心理设防。在心理学中，心理防线即指人的心理承受能力的最低限度，也称为人的最低红线。人是一种自我保护性很强的动物，在社会中生存，尤其是在残酷的、复杂的职场中，总会为自己设一道心理防线或者行为原则，为的就是在自己能力范围内保护好自己。

为了保护自己，人们有时候会刻意将自己的真实性情用不同的衣饰、行为举止、表情、言语等掩饰起来，不让别人看到真实的自己，隐瞒自己最真实的一面。人人都有戒备心理，在初次见面的谈判场合，由于彼此不熟悉，自然就会给对方设置心理防线，不让其窥探出自己真实的目的。

但无论对方外表上怎样伪装，只要我们细心观察对方的语言、神态、行为等细节，就能看到对方外表下掩藏的真实性情，突破其心理防线，猜透其谈判目的。如果对方给我们设置了心理防线，要想真正了解他，从各方面接近他，第一步就需要突破其心理防线，让对方放下戒备心理，促使谈判向有利于己方的方向开展。

想突破对方的心理防线，就要有针对性，要学会分析不同人的心理特点、兴趣爱好等，从中获得有利于自己的信息。那么，在职场谈判中，我们要如何才能在短时间内攻克对方的心理防线，了解对方，达成谈判目的呢？

1.没有充分准备就不上谈判桌

上谈判桌前，必须先做好充分准备，摸清对方的底，清楚对方的身份和专长、企业经营情况、产品特点，甚至猜透其谈判中可能暴露的弱点或短板等，才能做到一开口就击溃其心理防线。若连对方的基本情况都没摸清楚就匆匆展开谈判，可能连对方的口都无法撬开。

2.循序渐进，真诚以待

不要急躁，要循序渐进，真诚以待，耐心等待对方透露出对你有用的信息，再加以分析，从而攻陷其心理防线。如果你真诚地面对他人，那么打开对方的心理防线、走出了解对方的第一步，将是一件很容易的事情。

著名翻译学家傅雷说过："我一生做事总是第一坦白，第二坦白，第三还是坦白。绕圈子、躲躲闪闪，反而让人生疑。"

他一直认为一个人只要真诚，总能打动别人。

在谈判过程中，最忌急于求成、态度躲闪。必须抱着持久的耐心和真诚的态度与之周旋，一步一步、一个一个细节地去探索对方的心理活动，对方感受到真心的尊重，自然会把真实的自己慢慢表现出来。

3. 察言观色，了解客户需求

多观察对方的语言、神态、行为等，分析其心理特点，从中准备找出客户潜在需求，找准需求才能找到谈判的突破口。深入挖掘客户的需求，不仅需要细微的观察，还需要借助适时提出问题，刺激客户心理状态的暴露，从而促使其将需求说出口。

一位年轻的销售员陈胜为了推销产品，常常看到客户进门就赶紧迎上去，热情备至地向客户介绍产品。然而一天下来，累得口干舌燥，陈胜也没能卖出几件商品。

老销售员萧刚则不同，每次客户进门时，他或许只会点头问候一句"欢迎光临"，然后就默默地观察客户。等客户拿起产品端看，并尝试打开相机功能进行拍照时，他会在合适的时机，用很少的话和客户达成共识："请问您是要找拍照功能比较好的手机吗？"

"也算是吧。"客户回答。

"这款手机是今年新款，拥有强大的拍照功能，具有高像素前置、后置摄像头。"萧刚抓住客户需求点，乘胜追击。

客户满意地点了点头，继续详细端看，最后购买了这款手机。

有人说是因为萧刚积累了很多经验，才有很好的销售技巧。而陈胜还年轻，没有经验，自然会事倍功半。这种说法其实也正确，因为有了长期销售经验的积累，萧刚自然懂得"看人"说话，能看懂客户的心理需求。

一个优秀的销售员不在于嘴皮子多么厉害，而在于能用眼睛捕捉可以突破客户心理防线的信息。是的，老销售员萧刚总能通过细微的观察，从一堆潜在客户里发现谁才是真正会达成交易的客户，然后细心找到这些不同类型的客户的心理防线是什么，最后一一击破。而没有经验的陈胜则是表达混乱，没有抓住客户的心理需求，东一枪、西一枪，自然打不准客户心坎。

4. 迅速找到共同点

共同点是人们展开交流的基础。有了共同的兴趣、爱好，话题的展开会相对轻松自如，引导对方继续就着话题聊下去，慢慢拉近彼此之间的距离，谈判就容易成功。一个人的心理状态、精神追求、生活爱好等或多或少能通过其表情神态、谈吐举止等方面表现出来，善于挖掘这些细节，有助于尽快找到展开话题的契机。

5. 提高专业水平

充分熟悉自己的行业领域，了解自己的产品，才能在谈判桌上应付各种专业提问。试想，如果你连自己的产品都不熟悉，对方又如何能在一分钟内了解并看中你的产品？要一开口就能击溃对方的心理防线，不仅能要求你熟悉公司的产品，还要了解同行业其他公司的产品及特色，必要时进行分析比较，用自己的专业能力进行表达，这样才能更快地说服对方，让对方相信你的专业，赢得其信赖。

6. 保持理智

时刻保持理智，要求在谈判桌上无论遇到好事坏事、大事小事都要保持稳定的情绪，才能冷静分析对方的情绪反应，抓住其微小的心理变化，抓住攻破其心理防线的关键点。高情商谈判者，一般能使自己保持沉着、冷静、镇定、理性，再一一攻破。

7. 把握向对方施压的分寸

第一，保持竞争的势头，可替代方案越多越好；第二，视对方为合伙人而不视为敌人，在温和的态度中使对方和自己趋同，同化其心理；第三，使对方感觉到（而不是由自己说出）如果不依你的条件，问题将十分严重。这些技巧都要求谈判者能保持适当的分寸感。

8. 适当自嘲

适当自嘲，能产生一种天然的亲和力，让对方对你产生好感，不自觉地亲近你，并向你敞开心扉，将其心理防线暴露于你面前。注意，要做到恰到好处的自嘲，还需要你有一定的幽默表达技巧，而不是盲目地说冷笑话。

赞美谈判技巧，让你赢在起跑线上

世界上最华丽的语言就是对他人的赞美，适度的赞美不仅可以拉近人与人之间的距离，更加能够打开一个人的心扉。虽然这个世界上到处都充满矫饰奉承和浮华过誉的赞美，但是人们仍然非常愿意得到你发自内心的肯定和赞美。从人的心理本质上来看，被别人承认是人的一种本质的心理需求。

赞美是一门说话艺术，学会赞美别人，是我们为人处世必须要知道的一个道理，也是我们踏入职场、得到职场晋升的重要策略。著名作家马克·吐温甚至这样形容赞美的有效意义："仅凭一句赞美的话语就可以活上两个月。"

在谈判中适当运用赞美，不仅能缩短谈判双方的距离、拉近彼此关系，更能为谈判的成功奠定良好基础。但谈判中的赞美也是一门要求不低的说话艺术，有"过"和"不及"之分，过于夸张的赞美会让对方感到尴尬，失实或者不恰当的赞美则显得虚伪、不真诚。因此，赞美不仅要真诚，更要善于发现一个人真正值得诚心赞美的地方。

赞美方式的正确选用和赞美程度的适度把握，是对客户赞美是否能够达到实效的重要衡量标准。

两位保龄球教练分别训练各自队员。他们的队员都能一球打倒七个瓶子。其中的一位教练对自己的队员说道："非常不错，打倒了七个。"队员听见教练的赞扬，内心受到了很大的鼓舞，心想下一次一定要继续努力，把剩下的三个瓶子也打倒。

另外那个教练则对他的队员说道："你是怎么搞的，差三个都没能打倒。"队员听后心里非常难受，甚至还有些不服气，心想：你怎么就知道盯着我那没有打倒的三个瓶子，怎么就看不见我已经打倒了七个！

就这样，会赞赏队员的教练带着大家努力训练，水平获得很大程度的提高。而另外一个球队的成绩越来越差，队员士气每况愈下。

赞赏和批评在这其中起到的效果差异如此巨大。

哈佛大学著名心理学家威廉·詹姆斯教授表示："人类性情中最强烈的渴望就是受到他人认同。" 大家不妨扪心自问，你是愿意听到表扬的话，还是听批评的话？相信结果是显而易见的，绝大多数人还是喜欢听赞美的话，因为别人的批评，哪怕是善意的、委婉的，或多或少会让我们产生逆反心理，最后的沟通效果自然大打折扣。既然适度的赞美能为我们的谈判带来有利契机，又何必吝啬我们的语言呢？赞美是不需要增加任何成本的谈判方式。

有一位实习服务员王天，他在餐厅里忙活了整整一天，此时早已精疲力竭。他的工作帽歪向了一边，而且围裙上也沾满了很多污渍。他感觉双脚越来越痛，装满菜肴的托盘在他的手中变得越来越沉。王天此时不仅疲倦，而且更加泄气，觉得自己什么事情都做不好。

一位客人是一大家庭来吃饭的，当中几个孩子不停更换着菜单，让王天很烦恼。好不容易给客人开列完繁琐的账单，王天已经有一些不耐烦，甚至准备辞职不干。

就在这个时候，客人家庭中的一位长者一边递给他小费，一边笑着对他说道："孩子，你干得非常不错，你对我们的服务太周到了，谢谢！"

就是长者这样一句由衷的赞美，让王天之前所有的泄气、疲倦一扫而光。他也对长者的赞美报以真诚的微笑，并且重新积极投入到工作中。

在生活当中，这样的例子数不胜数。人际关系专家卡耐基说过："喜欢被人认可，感觉自己很重要，这就是人不同于其他低级动物的最主要的特性。如果我们人类失去了这样一种重要的需求，那么，人类的文明很可能就会原地踏步，永远无法进步。"

其实，只要你能够尊重对方的特殊才能，并且给予其恰当赞美，那么每个人都愿意把自己的优点表现得淋漓尽致。

既然赞美对于谈判而言是一种不可或缺的策略，我们该如何掌握并使用呢？

1. 赞美用词要恰当

有这样一些人，他们并没有太多的职场谈判经验，赞美别人的时候也总是喜欢使用那些书本上的赞美之词，比如"久仰大名""如雷贯耳""百闻不如一见"等让人听着容易生厌的词语，说出来后，显得非常没有诚意，反倒让对方以为你这是在假装客气，并没有真的尊重他。如果你当时的面部表情没有掌握好，那么很容易让对方认为你在刻意逢迎，对他有所图。

2. 赞美一定要说出具体的理由

比如，当你赞美一个女孩的时候，说"你真漂亮"，倒不如说"你今天穿的这件衣服显得皮肤特别白皙，非常好看"。这样一种表达赞美的方式就显得非常具体可信，会让对方觉得你是在真心赞美她，并且经常关注她。

在谈判桌上，初次见面时也大可以这样赞美："×× 先生，您今天的衬衫和您的领带真配，显得很精神。"开始谈判时也可以这样赞美道："×× 小姐，您说话的声音很柔和甜美，让人听着觉得十分悦耳。"这些都是具体的赞美，让人听着舒服。

而且，人都有一种习惯，会自主地把局部夸大为整体的特点，所以在进行赞美的时候，只要从某一个局部、具体的事情入手就可以了，没有必要进行全面的赞美，因为局部、具体的赞美显得你更真诚、更可信。

3. 赞美不能说外行话

赞美是什么？其实就是你对别人的认可和肯定，所以在赞美的时候最忌讳的就是说出外行话，你必须要慎重选择赞美的角度，不要不懂装懂，落下笑柄。

我遇到过这样一位年轻人，他对于诗歌的创作一窍不通，一次偶然的机会，我们见面了，他立即说道："您的诗写得真是太好了，但我读了好多遍也没有读懂。"当时我也挺尴尬的，其实我内心明白他的意思，他是想说我写的诗非常有意境，只能意会，不能言传。

由此可见，在赞美别人的时候说外行话，不仅无法达到赞美的目的，还暴露了自己的无知，会被大家当成笑柄。

4. 赞美的次数不要太多

很多人认为，赞美的话说得越多越好，语言用得越美越好，这样的认识是完全错误的。赞美一定是自我感情自然而真实的流露，因为这不是进行演讲，不需要你故意去渲染和铺垫气氛。而且，赞美的语言最好不要千篇一律，不然别人会觉得很腻，就好像我们一天到晚吃同一样东西，吃多了自然也尝不出特别的滋味了。

5. 适当满足对方的"虚荣心"

对于不是很了解事情真相的人，你应该对他说："你一定很了解吧！"也就是说，你能够把他当作知道此事的人，也足以撩起他的"虚荣心"，让他感到高兴。每一个人都希望被认为是有知识、有教养的人，如果你不忘时常用"你真有文化""你真有能力""你真有判断力"等赞美去满足对方这方面的需求，那就很容易使他对你产生信赖和好感。

6. 在恰当的时机表达出来

对谈判对象的赞美要在适当的时机说出来，这个时候才会显得你的赞美非常自然，同时对于对方的赞美可以适当加入一些"调侃""说笑"的调料，这样更容易调动气氛，让对方心里感觉舒服。

高情商谈判，说话要有分寸感

要成为高情商的谈判人士，必须掌握说话的分寸感。要知道，并不是所有话题在任何时间、任何场合都适合拿来公开谈论。正确把握好说话的分寸，能够给自己增添魅力、赢得更多谈判的机会，便于把控整个谈判向有利于自己的方向开展。

谈判如战场，双方交手，可能短短几句话，有人就能占尽上风，有人败下阵来。在复杂多变的谈判场合，懂得话该怎么说，也是一种职场智慧。没有人天生拥有一副好口才，多伶牙俐齿的人也会遇到应付不来的窘境，所以，在语言修炼上下功夫，说话懂得看场合，表达得体、有分寸，能为你的职场道路助力加油。

林肯参加总统选举的时候，一位老人找到了他。老人说自己在不久之前被别人欺负了。看着老人可怜的样子，林肯急忙问到底发生了什么事情。

老人哭着说，自己是一位烈士的遗孀，丈夫在独立战争的时候为国捐躯了。失去生活来源的她只能每个月靠着数目不多的抚恤金维持基本生活。可是，前不久，当她前去领取抚恤金的时候，却被出纳员勒索了。

原来，出纳员要老人交纳一笔足足有抚恤金一半金额的费用，才能帮她申请领取。老人非常生气，知道自己被这位不知好歹的年轻人敲诈了。

林肯决定帮老人把出纳员告上法庭，出纳员却矢口否认有这样的事情存在。由于没有确凿的证据，法庭裁判结果偏向出纳员那一方。

轮到林肯发言的时候，听众席上已经坐满上百个人。大家都期待看到这个竞选总统的人到底会怎样表达自己的想法。

林肯稍微酝酿了一下情绪，眼含热泪，用抑扬顿挫的声音开始了自己的阐述。可是，出乎所有人的意料，林肯并没有一开始就谈起这场纠纷。他把话题引到美国独立战争上，一直述说那些爱国战士如何保卫这片家园，讲述他们在冰天雪地里如何忍饥挨饿地坚守岗位。

最后，他巧妙地问道："如今，所有的事实已成陈迹。英雄早已长眠地下，可是他们那些衰老而又可怜的遗孀还生活在我们身边。如今就有一位受到了极不公正的待遇，并站在我们面前，要求我们代她申诉。这位老太太以前也是一位美丽的少女，有过幸福快乐的家庭生活。然而，她牺牲了一切，变得贫穷和无依无靠，不得不向我们请求援助和保护。试问，我们能熟视无睹吗？"

很显然，大家的爱国情绪都已被调动起来。这个时候，林肯的发言戛然而止，他在静静地等待人们回答这个问题。

最后，没有人再去计较这件事情到底有没有事实证据了，甚至有的人因一时怒气而要和出纳员打斗起来，更有不少人在审判现场慷慨解囊，要资助老人。

在听众的一致要求下，法庭做出了大快人心的判决，不仅很好地保护了烈士遗孀本应该拥有的权利，同时也使那个贪得无厌的出纳员得到了应有的惩罚。

情商之父丹尼尔·戈尔曼说过："智商高的人也许事业无成，情商高的人却一定能表现非凡。"优秀的谈判者一般拥有极高的情商，从而能在各种谈判场合应付自如，一开口就能制胜。

林肯牢牢地把握住说话的分寸，没有一味强调法律法规。他十分明白听众的情绪调动点在什么地方，只要把握好时机，并且掌握说话的分寸，就能成功把大家的同情心调动起来。这样一来，这一场看似不会赢的官司就必定会有不一样的结果。

说话场合的分寸把握，应该时时地融入正常思维的潜意识中。在谈判场合，人们都会潜意识地告诫自己把握说话要有尺度，在没有把握的前提下，要么予以回避，要么轻描淡写、顾左右而言他。无论问话还是说话，都要看准时机才出击。否则，不注意分寸，一味随心所欲、口无遮拦，无疑会得罪客户，导致谈判失败。

说话到位就是要恰到好处，掌握说话的分寸应注意以下事项。

1. 不要谈有争议性的话题

对待这样的事情，每个人都有自己的立场和观点。谈起有争议的话题，如宗教、政治、党派等易引起双方对立僵持的状况，只会让交谈双方意见达不成统一，从而制造出更多隔阂。

2. 给对方留足面子

会说话的人，既能巧妙地给对方留面子，又不让自己显得虚伪做作；既不用靠贬低别人来突出自己，也不必妄自菲薄来抬高别人。因此，在谈判场合，应尽量给对方留面子，不要过分直接地揭人短处，以免造成尴尬局面。

3. 遇到急事慢慢说

遇到急事慢慢说，是一种不浮躁、谨慎、冷静的情绪表现。在谈判桌上，当意见出现分歧时，也许彼此情绪会变得焦躁，甚至一发不可收拾。越急着证明自己的观点，反而越可能表达混乱、说话不得体，甚至让人觉得你冲动、不稳重。遇到急事慢慢说，才能给自己预留足够冷静分析思考的时间，避免冲动说话，得罪对方。

4. 不说没有把握的事

《礼记》中说："君子约言，小人先言。"君子谨慎说话，小人妄言妄语。谨慎是一种态度，更是一种修养。如果没有把握，最好不要说。

在谈判桌上，如遇到别人问起你没有把握或不确定的事，或事到临头而不得不说的情况时，措辞一定要谨慎。对于你无法把握和决定的情况，应尽量严谨，不要信口开河，可以多与内部人员协商后再提出谈判条件。

5. 学会发出自己的声音

领导尤其赏识那些有主见、有头脑的员工。如果你经常人云亦云，没有自己的想法，那么在职场中就很容易被忽视。在谈判时，同样如此。如由着对方滔滔不绝地阐述自己的观点，而你一味听着，不表达任何看法或意见，久之，对方也许会以为你已经被他所阐述的条件"征服"了，或者以为你已经放弃"抵抗"，进而继续进攻。

无论对方地位如何、阐述的观点如何强势，你都应该适时发出自己的声音。恰到好处地表达自己，也是一种得体、有分寸的说话方式。

6. 不要过分炫耀

你的专业技能过硬，是领导跟前的红人，是谈判领域的高手，就能成为在谈判桌上炫耀的资本吗？这种"骄傲"的炫耀，也许并不能征服对方，反而让客户对你产生骄傲自大的不好印象。在谈判场合，有过硬的专业技能、有较高的谈判水平是赢得谈判主导权的有利条件，适时运用即可，不必过分强调。

如说服客户这个产品是经过反复验证使用，得到市场认可时，则可以运用你的专业水平和实际数据来阐述，这时的专业表达往往更能引导客户相信你的判断。

7. 诚恳地接受批评

在谈判过程中，因自己的失误导致数据有误或论证材料有缺时，或者因自己的言语不当导致对方心里不舒服时，或者自己论述的观点不够充分时，都应该诚心接受对方的批评，不要一听到批评言辞即加以反驳推诿。

诚恳地接受批评意见，从容镇定地表示自己会在接下来的谈判中注意改善，继而在实际谈判时认真纠正，往往能给对方留下良好的印象。在职场中，这样大方得体地接受，也是处理批评较有分寸感的应对方式。

职场是一个竞争与合作并存的小社会，有的人在竞争中失败，有的人在合作中成功，关键在于说话的分寸。能说话不等于会说话，会说话不等于能说到位，只有将话说得到位、得体、有分寸，才能起到应有的作用，达到一开口就能制胜的效果。

谈判陷僵局，不妨幽默一点

谈判，在人们的印象中似乎永远是严肃、庄重、不容儿戏的，一些政治、商业的谈判场合更是如此。其实，谈判就是双方利益"争夺"的战争，甚至有"你死我活"的唇枪舌剑，但并不意味着谈判的气氛就必须是严肃，甚至死气沉沉的。相反，越是轻松、融洽的气氛，越能带动对方的情绪，让双方保持冷静、愉悦。幽默正能体现这样的润滑作用，可以缓解紧张的形势，营造出轻松的氛围，让谈判更加融洽。

幽默感具有奇效的另一个场景是在谈判桌上。它会让你更有说服力。这是学者 Karen O'Quinn 和 Joel Aronoff 的研究结论。

他们让参与者针对一幅艺术作品议价，结果发现，当卖家用幽默方式结束自己的发言时，买家会愿意对价格作出让步，相比之下，让步幅度高达18%。

幽默是职场谈判中的"催产素"，幽默的笑声能促进人的大脑分泌催产素，这是一种促进社会化协作的激素，能够增强彼此信任感，让人们更容易打开心扉。会说话幽默的人，字里行间透出自身对事物的诙谐、风趣的认识，表现出独有的情趣，能令对方听后心情愉悦。更重要的是，幽默的语言不仅能够吸引对方的注意力，而且能快速拉近彼此心灵的距离，增强话语的说服力。

幽默是一种高级的智力活动，它能化解谈判双方心中的怒火，缩小彼此之间的态度差距，钝化双方的对立感，从而使双方迅速冷静下来，打破谈判僵局，最终达到自己的目的。用幽默打破僵局，是一种高超的谈判技巧。

1971年，基辛格为恢复中美外交关系秘密访华。在正式谈判尚未开始之前，基辛格突然向周恩来总理提出一个要求："尊敬的总理阁下，贵国马王堆一号汉墓的发掘成果震惊世界，那具女尸确是世界上少有的珍宝啊！本人受我国科学界知名人士的委托，想用一种地球上没有的物质来换取一些女尸周围的木炭，不知贵国愿意否？"

周恩来听后，问道："国务卿阁下，不知贵国想用什么交换？"

基辛格说："月土，就是我国宇宙飞船从月球上带回来的泥土，这应算是地球上没有的东西吧。"

周恩来笑了："我知道是什么，那是我们祖宗脚下的东西。"

基辛格一惊，疑惑地问道："怎么，你们早就有人上过月球，什么时候？为什么不公布？"

周恩来笑了笑，用手指着茶几上的一尊嫦娥奔月牙雕，认真对基辛格说："我们怎么没公布？早在几千年前，我们就有一位嫦娥飞上了月亮，在月亮上建起了广寒宫住下来。不信的话，我们还要派人去看她呢！怎么，这些我国妇孺皆知的事情，你这个'中国通'还不知道？"

周恩来机智而又幽默的回答，让博学多识的基辛格博士笑了。

面对谈判僵局，谈判者必须灵活一些，在顾及双方利益的基础上，寻找新的突破点。

打破僵局的方式有许多种，从语言角度来说，转换一下话题，调节一下紧张的气氛是有效的手段。当然，高情商的谈判者会将话题转移得幽默巧妙，不仅能缓和矛盾，还能为谈判扫除障碍，把谈判推向对自己有利的方向，让谈判少走一些弯路。

从古罗马哲学家西塞罗的《演说家》中，我找到了下面这样一个故事。一位出身于卑劣家庭的人向勒利尤斯喊道："你背叛了自己的祖先！"勒利尤斯反唇相讥道："你呢！你丝毫没有背叛自己的祖先！"这句话引起哄堂大笑。最后，勒利尤斯一句话便赢得了大众的支持。勒利尤斯以守为攻、以静制动，以不变应万变，出其不意地运用言语幽默回击了对方。

那么，置身于谈判大环境中，我们该如何提高自己的幽默技能，为谈判加分呢？

1. 退让有度、声东击西

退让有度、声东击西是幽默谈判技巧的重要方法，即一种更加含蓄迂回的幽默技巧。目标向东而先向西，欲要进击而先后退。在利用幽默语言来回击或反驳一些错误观点时，这种技巧的运用特别有力。

如果在谈判时，怕语言或行为上会直接损伤对方的面子，即使这个语言或行为是善意的，对方也许会难以接受，甚至恼羞成怒，这时采用声东击西法就可以避免。如明是说罪，暗里摆功；明是说愚，暗里表忠；明说张三，实指李四；敲山震虎，指桑骂槐，含沙射影等，都属于这类。

2. 学会自嘲

会自嘲的高情商谈判者往往能给人谦和的感觉，容易赢得客户信任。自嘲是以一种宽容而相当客观现实的眼光来看待自身的不知，所以具有健全的幽默感的谈判高手，才有足够的自嘲的勇气与信心。他们愿意自居于客体位置，把自身的不足与缺陷作为笑柄，博得对方一笑。

自嘲的幽默说话方式往往能够收到意想不到的奇特效果，在谈话过程中，适当拿自己"开涮"，能给对方一种真诚亲切的感觉。因为一些糗事往往是羞于说出口的，自曝一些无伤大雅的糗事，能更快博得对方的好感。

3. 须有对语言驾轻就熟的技巧

在使用幽默前，必须要对语言表达掌控有度。有时玩笑开得不好，虽然能暂时缓和一下紧张的气氛，但对大局并没有什么益处。或者有些玩笑开得并不恰当，表达的方式过于生硬，都容易使幽默产生反效果。

4. 围绕话题展开幽默

当谈判陷入僵局时，可以转移话题，但是主旨一定不能变，虽然不涉及正题，但展开的幽默表达最好与正题有关，不要牛头不对马嘴。这样，无论绕多少圈子，做到"形散神不散"，才能用幽默为你的谈判开路。

5. 平时多积累笑料

平时可以多看有趣的喜剧、段子和笑话，并记录下来，在工作、生活中遇到类似场景时可以进行实操练习，锻炼自己说幽默话的能力，提高对幽默艺术的欣赏与表达水平，尽量做到开口自然、信手拈来。

如此，在遇到复杂的、尴尬的谈判处境时，自然会有合乎事宜的笑料在潜意识下激发你，并为你所用，帮助你化解谈判困境。

在职场中，运用幽默表达的例子很多，它们会在意志、情感的接轨点上灵机地启动对方的思维，在笑语中成功地破解谈判僵局，达到说服人、征服人、感染人的目的。

发挥自我优势，强势征服客户

什么是优势？就是自己擅长而别人一般不具备的一种能力。与客户洽谈生意，特别是初次见面，客户难免有很大的戒备心理，这时，如果你能够发挥自我优势来吸引他的眼球，那么你们之间的陌生感就能很快消除，达到破冰的目的，顺势引出下一步谈判。

穿衣之道在于扬长避短，为人做事也是如此。聪明的人往往能最大限度地表现自己的才华和优点，使自己的魅力发挥到极致。有一句名言说得好："宝贝放错了地方便是废物。"这就是所谓的"优势思维"。在谈判桌上，利用自我优势去征服客户，是谈判高手常用的技巧。

当我们处于弱势地位时，如果总是拿自己的缺点和别人的优点相比较，只会让自己陷入被动局面。如果经销商说你的产品价格没有优势，还一直在"产品价格"这个点上打转，则不可能赢得谈判优势。这是自揭其短，让自己的短处暴露于对方眼前。这时，要向对方说明你和别人相比较的优势，为自己创造自我优势，增加谈判力，这样才有把握赢得博弈。

王超是一名业务员，擅长给人看手相。为了吸引顾客，他每次出门拜访客户的时候，都会随身携带看手相用的放大镜。

与客户见面后，他就将放大镜与商品简介一起拿出来。如果客户专心聆听其说明，自然只会注意到商品简介，就不需要使用放大镜了。可是如果客户无意购买，就会心不在焉，视线自然四处移动。

当客户视线落在放大镜上的时候，王超便顺势拿起来，介绍说："这是看手相用的放大镜呢。"而客户一般会说："哦，你对这个还有研究？"

王超信心满满地说："看个手相，不收钱。"出于好奇心，客户往往会答应。于是，王超便拿起客户的手客串临时算命先生。一方面由于王超说得比较准，让客户顿时对其产生可信赖的感觉；另一方面则经由肢体上的接触，客户与王超之间那道心墙很快便消失了。聊着聊着，就容易与客户成为朋友。

也许正是这面放大镜的功劳，让王超的业绩始终名列在公司所有业务员之首。

王超自知表达能力和业务水平不算高，但他充分抓住自我优势，在适当的时机加以展示，从而吸引客户的注意，拉近与客户之间的距离，为自己赢得谈判优势。

尺有所短，寸有所长，职场成功的诀窍就在于利用自己的长处。要善于利用自己的优点和长处，而对自己的弱点和短处要设法回避。高素质的谈判者，都能根据自己的长处来确定并坚持谈判方向而获得成功。

刘学是一位主要推销美国席梦思床的推销员，他擅长唱歌，小时候还做过"歌星梦"。有一次，他到美容院去推销，店里的人都忙得团团转，根本没有时间顾得上他。他对此早已习以为常，并不介意。

刘学大声说："我是来贵店推销美国进口的席梦思床的。各位尽管工作，只要把耳朵借给我就好。"在场的人当时并没有表示欢迎他，但也没有赶他走的意思。这个时候，电视里正在播放一首歌，有人说："我们要听歌，没有时间听你说话。"

刘学却厚着脸皮自我推荐道："听电视里唱的，不如在现场听更过瘾。我是业余歌手，但是绝对具有专业水平。

不信的话，你们随便点一首，我给你们现场表演。"

大家一听，开始七嘴八舌地点歌，有的人还起哄说："要是你唱得好，我们就买你的床。"

于是，刘学开始卖力地唱，有经典老歌，还有最近流行的新歌，并且不时得到大家的吆喝和好评。最后，刘学在这家美容院里连产品都没介绍，就卖掉了六张床。

用自己的优势来吸引客户，并不具有一定的普遍性，只能作为与客户交往时、在谈判过程中的一个花絮，在恰当的时候表现出来。毕竟不是每个人都能在公众场合展示特长，比如你擅长打篮球或者踢足球，在碰到一个有着同样兴趣爱好的客户时，就可以拿来做话题把对话聊开，以便顺势引出自己的谈判目的。

想成为高情商的谈判者，不仅要具备良好的沟通能力、驾驭整个谈判进程的技巧、处理矛盾冲突的能力，还需要对自身谈判优势有烂熟于心的了解和掌握，善于利用自己的闪光点来抓住客户的心，还能在适当的时候，运用自我优势满足客户的需求。

有自己的一套谈判步骤，实现高效沟通

有一位教徒问神甫："我可以在祈祷时抽烟吗？"他的请求遭到神甫的严厉斥责。而另一位教徒又去问神甫："我可以吸烟时祈祷吗？"他的请求却得到允许，悠闲地抽起了烟。这两个教徒提问的目的和内容完全相同，只是语言表达方式不同，得到的结果却相反。由此看来，表达技巧高明才能赢得期望的谈判效果。

因此，在职场谈判中与对方沟通，沟通的方式会直接会影响谈判的结果。在沟通中采取什么样的方式方法，显得尤其重要。如果没有正确的表达方法而只是随心所欲去讲，更可能达不到我们想要的目的，那样的沟通也只是无效的沟通，只会浪费彼此的时间。

在谈判过程中，谈判双方毕竟不是敌对关系，但也并非不存在利益冲突和矛盾。在没有任何技巧与原则的谈判中，谈判者往往会陷入难以自拔的境地，要么谈判陷入僵局，要么双方在达成协议后总觉得双方目标都未达到，或者谈判一方总有失掉了一场对局的感觉。

当然，如果没有提前做好谈判的准备，或者并不熟悉谈判的套路及步骤，则可能在表达时没有重点，浪费时间，只是低

效谈判。因此，除了要具备良好的表达技巧，做好谈判前的资料准备，我们还需要了解和熟悉谈判的步骤，沿着一个轴线展开谈判，灵活应对。

1. 准备阶段，摸清对方

谈判准备阶段是指谈判正式开始之前的阶段。主要任务是进行环境调查，搜集相关情报、选择或了解谈判对象、制订谈判方案与计划、组织谈判团队、建立与对方的关系等。

准备阶段是商务谈判最重要的阶段之一，良好的谈判准备有助于增强谈判的实力，建立良好的关系，为谈判的顺利展开和成功创造良好的条件。

注意，在谈判之前，一定要拉高战略高度，熟悉自己所处的谈判情境，如时间压力点、自身谈判筹码、是要结盟还是制造僵局、在什么时机引爆冲突、己方的底线、备用方案等。还可以多收集对方信息，如对方谈判人员的情况、对方在行业的声誉、对方公司财务情况、对方能为我们提供什么等。

如果已经收集足够信息，还可以多了解谈判对方的个性如何、是什么样的人，以便分析对方的心理活动。

2. 确定谈判目标

在进行任何谈判前，都需要确定一个明确的目标，即你想通过谈判取得什么结果。如果没有明确的目标，在谈判时，容易被对方的思维混淆，或被对方提出的条件牵着走，从而忘记谈判的初衷，结果影响己方利益。

必须要思考，按照自己的最好设想去谈判可能得到什么、什么是你能够接受的最低限度、你愿意作出多大的让步、如何论证自己的观点并说服对方等。在思考这些问题的过程中，多听听朋友或同事的意见，会对你有所帮助。

要成为优秀的谈判专家，你应该尽可能在合理范围内设置好自己的谈判目标和谈判条件。一旦谈判突破你的底线，这个议题可以先放下来，留待下次再谈，不能被对方咬着不放。

3. 制定谈判策略和战术

在展开谈判前，你还必须与自己的谈判团队商定好合适的谈判策略和战术，如出现谈判僵局时如何处理、对方提出反驳意见时如何应对、对方提出的条件有漏洞时如何攻击等。有准备的谈判策略，能让你在沟通过程中有足够的底气和灵活的智慧去攻陷各个谈判难点。

至于战术的选择，则包括黑白脸的出牌顺序、如何控制谈判的快慢节奏、要不要适时引入第三者调停以及谈判中间若卡住了，怎么制造新的动力。这些战术，通常都需要经过演练，再加以修正改善，才能进入实操。所以谈判前一定要先练习，要经过模拟套招才能上桌。

4. 谈判开局，做好铺垫

开局阶段是指谈判开始以后到实质性谈判开始之前的阶段，是谈判的前奏和铺垫。这个阶段不长，但它在整个谈判过程中起着非常关键的作用，会直接影响谈判的气氛和双方的情绪。开局阶段的主要任务是建立良好的第一印象、创造合适的谈判气氛、谋求有利的谈判地位等。

根据谈判气氛，可以把谈判的开局方式分为高调开局、低调开局和自然开局。

高调开局，即营造一种热烈的气氛，让双方积极投入谈判中，调动起双方的情绪。通常包括赞美法、幽默法、问题挑逗法和感情攻击法（激发积极的情感）。

低调开局的谈判气氛十分严肃、低落，通常在下面这种情况下，谈判一方应该努力营造低调的谈判开局气氛。通常包括沉默法、疲劳战术法、感情攻击法（营造低落的氛围）。

自然开局是用得最多的一种开局方式，是指谈判双方情绪平稳，谈判气氛既不热烈，也不消沉。自然气氛无需刻意去营造，许多谈判都是在这种气氛中开始的。

5. 摸底阶段，试探一下

摸底阶段是指实质性谈判开始后到报价之前的阶段。在这个阶段，可以适当表达双方的谈判双方的谈判意图和想法，试探对方的需求和虚实。同时，做好反驳对方、讨价还价的准备。这是谈判桌上的各种试探。

凡是提问的技巧、倾听的技巧、肢体语言和神态动作的细节观察技巧等，都可以在这个阶段发挥出来或进行加强，以试探出对方真正的意图。

6. 交谈让步，克服障碍

此阶段往往是谈判的攻坚阶段，也就是谈判的关键时刻。这时开始就双方的条件进行实质性的接触，对方可能突然提出更多的苛刻要求来让你妥协，这时应谨慎对待，任何不恰当的言语或肢体动作，都可能被对方看破或者被对方抓住，以此为把柄"要挟"你。在谈判的过程中要做到不依不饶，不被对方的气势所压倒，保持冷静。

下一步就是回头思考自己的谈判目标，在适当的时机准备作出让步。但是在让步之前，必须先清楚：让步的幅度、次数、速度；如何保持自己的立场；让步的时机等。

如果可能的话，这时你应该运用一定的技巧，作出有条件的让步，而不是单方面妥协。在让步的同时，也要争取到自己的优惠条件。

记住，要有耐心，做好准备，体面地作出让步，同时时刻牢记你的谈判目标，确保谈判的结果有利于己方利益。

7. 达成协议，谈判成交

成交阶段是指双方在主要交易条件基本达成一致以后，到协议签订完毕的阶段。如果认为双方已经达到协议的地步，彼此的要求都得到了一定的满足，那么你应该用几分钟来总结一下谈判的全过程。对前期的谈判进行总结回顾，这有助于确保谈判过程中没有遗漏问题尚未解决。但实际上，在这个阶段，双方需要对价格及主要交易条件进行最后的确认，以保证双方的谈判结果信息是对称的、一致的。

最后，如果已经达成协议，那就到签署书面合同的时候了。注意，在签订合同时，要对各个合同条款认真审核，千万不要掉进合同的陷阱中。也不能不懂装懂，遇到需要沟通协调的细节条款可以大胆提出。

每个人在不同谈判场合，所采取的沟通方法和步骤可能不完全相同，有自己的一套谈判步骤，方能在各种谈判僵局或困局中灵活应对，化被动为主动，一开口赢得主导权。

第七章

软硬兼施，见招拆招的防御战

难得糊涂，巧妙回避各种矛盾

　　世间之人，大都希望自己聪明伶俐、处世精明，但清朝郑板桥先生却留下了一句名言——难得糊涂。糊涂不出风头，能避免站得高、摔得疼。糊涂包容有雅量，达观生活多快乐。糊涂不耿耿于怀，隐忍以图将来。这些都是糊涂的"好处"。

　　郑板桥是清康熙朝的秀才、雍正朝的举人、乾隆朝的进士，为"扬州八怪"的重要代表人物，是个写得锦绣文章、精通琴棋书画的才子，是把一县之境治理得井井有条的模范县令。这样的一个人，怎么可能会提倡做个"糊涂"的人呢？因为他知道"水至清则无鱼，人至察则无徒"，在官场，务必保持一颗糊涂而清醒的心，才能活得长久。

职场就是江湖，尤其在谈判桌上，常常上演着尔虞我诈的戏码，充满许多矛盾，可谓无硝烟的战场，不仅要时刻保持清醒的头脑，还要懂得"揣着明白装糊涂"。在一些场合，你不一定要很聪明，但一定要保持清醒，该聪明时聪明，该糊涂时糊涂。

锋芒太尖锐、太犀利，喜欢做出头鸟的人，往往会成为众矢之的。高情商谈判者从不让对方看透自己的内心，非常善于装糊涂。这不是城府深，也不是心眼多，这是为人处世的正确方法，是防范小人的必要手段。人们都愿意与单纯的人交往，过于聪明、机灵的人，人们会加以防范、提高警惕，和你交流时就不会敞开心扉，对你时刻防备。

有一次，日本一家航空公司就引进美制飞机的问题与美国某飞机制造厂商进行谈判。

为了使日方了解产品的性能，美商做了大量准备工作，如准备好模型、图表、数据、资料幻灯片等。

谈判一开始，美方代表滔滔不绝地讲解，日方代表只是埋头做笔记，一言不发。等进入实质性谈判环节时，日方代表仍对价格等问题不发表任何意见。

美方代表问道："你们认为如何？"

日方代表满脸迷茫地回答："我们不明白。"

"不明白？这是什么意思？"美方代表有些急躁。

日方代表仍很有礼貌地作答："不明白，一切都不明白。"

美方代表眼看这项谈判没有任何进展，沮丧地说："那么，你们希望我们怎么做？"

日方代表提出："你们可以把全部资料再为我们重新解释一遍吗？"

不得已，美方代表只得重复解释一遍。这样反复几次"折腾"，结果自然是日方代表把价格压到最低点。

其实，美方代表是上了日方"装糊涂"的当。利用没听懂装糊涂是谈判中的一种技巧，日方代表在谈判时借此挫其锐气，使对手精疲力竭，最后不得已作出让步，来达到自己的目的。

谁都希望别人认同自己、称赞自己精明能干；希望在谈判桌上大显身手，让对方尝试失败的滋味，然而太过精明的人，是容易吃亏的。凡事锱铢必较，容易让对方有机可乘。在谈判时纠结的同一个问题，优秀的谈判者善于用模棱两可的字句使对方心理产生微妙变化，绕个圈来巧妙解决问题。不聪明的谈判者，往往会把所知道的情况一一说出来，如对方表达时的漏洞、己方的底线等，严重影响谈判结果。于是，看似聪明的人变成傻子，看似糊涂的人却是最后的胜利者。

有时候，装作什么都不知道，反而好办事。例如你作为代表处理公司纠纷，即使你知道这件事的发展全貌，也要装作一无所知，以不清楚的状态来重新为对方梳理事情脉络，这样，对方就不会那么愤怒，因为，谁也不会把怒气撒到一个什么都不清楚的人身上。这样，你就能更客观地了解这件事，并与对方更好地进行谈判交流。

作为职场人，特别是职场菜鸟，在面对谈判时，首先得弄懂谈判过程中假装糊涂的门道，才能让你的谈判游刃有余。

1. 思考好的聪明些，未想好的糊涂些

在谈判桌上，对已经经过深思熟虑、思考好对策的事，可表现得聪明些、自信些，提出有自己独特见解的意见和建议，让对方无法拒绝；对突发的、自己拿捏不准的、未经过谨慎分

析的事情，要表现得糊涂些，不要轻易表态，更不要随口答应，等"糊弄"过去再好好思考对策。

2. 多点宽容，别太较真

在谈判桌上，对一些细节问题不必太较真，如对方表述失误、对方没有带齐谈判材料、上会的数据计算有误等，即使你已经看穿这些问题，也不要刻意直接当着对方的面指出。此时，自己在心里分析清楚这些问题对谈判的影响即可，多点宽容，装作没有发现，保护对方的面子，给予足够的尊重，谈判的氛围会更加融洽。

3. 适当装傻来解围

当己方谈判成员与对方发生语言上的误会，或者行为上的冲突，而导致局面尴尬时，就可以积极装傻来为对方打圆场解围，快速消除尴尬氛围。

例如当双方在为一个无伤大雅的小问题纠结争辩时，如对谈判结果没有大的影响，你可以适当装傻："对于这个问题，我也不是很清楚，不过貌似大家说的都有道理。"这样"糊涂"解围，彼此的情绪会得以缓解。

4. 不要端架子

每个人都有犯错的时候，不必端起架子去沟通。没有架子的人，给人容易相处的好印象，自然能促使对方对你敞开心扉说亮话。没有架子的人，能散发出更多的亲和力，从而吸引对方靠近你，与你交朋友。刘邦打天下的时候就是能够放下身段，善察纳言，才能得诸文官武将之助，拿下天下。

在谈判场合，你有你的专业优势、你的职务比对方高、你有更充分的数据去说明情况，这些都是优势，但并不能以此认为自己的身段比对方高，而端起架子，如此会给人一种你不屑于谈判、你不够尊重对方的感觉。

5. 不怕吃亏

有句话说，吃亏就是占便宜，好汉要吃眼前亏。懂得装糊涂的人，只要能够顺利达成谈判目标，不妨以退为进，绕点远路，自己吃点糊涂亏。先吃亏，迂回行进，后发力，在适当时机驳回对方观点，这样的谈判方式也很受用。

多"理解"对方，适时制造共鸣

共鸣是社交中的情绪交换。当我们与人互动时，可以感受到他们的情绪，因此群体可以感受到一种共同的情绪，这样一种体验就称为共鸣。

在职场中，相互之间的交流与沟通，说它难，就难在不知道其他人是否理解和接受自己讲的话；而说它容易也不假，只要你对说话的套路和方法细细斟酌，架起通向他人心灵的桥梁，并引发与之一致的情感共鸣，多数问题都会迎刃而解。

共鸣能快速拉近人与人的距离，并平复对方的负面情绪。人对于不了解的事物总是充满恐惧和警惕，因此，在谈判桌上，要多和对手说一些他知道和了解的事情，力求产生共鸣。比如一开始与之谈社会的最新动态、行业的最新发展、对方企业的一些变化等，总之最好是对方很熟悉的事情，这样就容易产生更多共鸣。

伽利略年轻时怀有雄心壮志，立志要在科学研究方面有所建树。当然，他渴望得到父亲的支持、鼓励与帮助。

这一天，他对父亲说："父亲，您为何要与母亲结婚？"

"我喜欢她。"

"那您是否娶过其他女人？"

"没有，孩子。家里的人逼迫我娶另一位家里更有钱的女士，但你的母亲是我唯一爱过的，她以前是一位特别漂亮的姑娘。"

伽利略说："您说得一点也没错，她现在仍旧风韵犹存，您从没想过娶别的女人，因为她是您爱的人。您一定知道，我此刻也面临同样的处境。除了科学以外，我不会选择别的职业，因为只有科学是我所热爱的。其他的对我而言，毫无用途，也没有一点吸引力。难道要我去追求财富或者荣誉？科学是我唯一的追求，我对它的钟爱犹如对一位漂亮姑娘的倾慕。"

父亲说："你为什么会说像爱慕女子那样？"

伽利略说："错！亲爱的父亲，我已经18岁。其他的学生，就算是最穷的学生，都已考虑到自己的婚事，但我从来没有考虑过。我不曾与人相爱，我认为今后也不会。别的人都希望寻求一位漂亮的姑娘做终身伴侣，但我只喜欢将科学视为伴侣。"

父亲一直没有插话，只是认真地听着。

伽利略接着说："亲爱的父亲，您有才能，但没有力量，可这两方面我都具有。您为何不帮助我实现自己的愿望呢？我肯定可以成为一位杰出的学者，获取教授身份。我会以此为生，并且与他人相比，我会过得更好。"

父亲为难地说："你要上学也可以，但是我无法给你提供生活费。"

"父亲，您听我说，多数穷学生都可以领取奖学金，这些钱是公爵给的。我一定能够领一份奖学金。您在佛罗伦萨有如此多的朋友，您同他们的交情都很好，他们肯定会尽力帮助您的。或许您能到宫廷去把事办妥，他们只需去征询公爵老师的意见就可以了，他知道我，了解我的实力……"

父亲被打动了："你说的是个好点子。"

伽利略说服了父亲，他最终也实现了自己的愿望，成为一位举世闻名的科学家。

在这个故事中，伽利略采用的就是心理共鸣的交流方法，以父亲的真实感受来引起其与之一致的共鸣，让父亲能置身其中去体会伽利略的感受，从而被说服。

能产生引起对方好感的共鸣必须是真实的，不仅是在物理学意义上，共鸣在社交层面和情绪层面都是真实存在的，这样才能更快、更好地调动对方的情绪。

比如，想象一下你正在和对方的谈判团队交流，有人突然做了失礼的举动。他说了一些冒犯或不该说的话。他制造的"砰"的一声，对大家的共鸣传递了负面情绪。

首先，你会感觉到一种情绪——"砰"声带来的嘈杂，引起你的反感情绪。然后这种反感情绪会通过你脸上微妙的情绪变化、语调、肢体语言，传递到共鸣中。

与此同时，交谈破坏者（那个首先做出冒犯行为的人）看到了你脸上不悦的表情，这让他感到尴尬。这"砰"的一声通过他的表情和行为让你明显感觉到他当下很尴尬。你感受到他的尴尬，并且继续传递着负面情绪。如此循环往复。

因此，即便是你内心产生的细小的情绪变化，也能通过一些外在的细节让其他人感受到共鸣。所以，在交流沟通时，应尽量传递积极的、真实的情感共鸣。

那么，在谈判桌上，该如何根据谈判局势的变化适时引起情感共鸣，给对方传递"我能理解你"这样的信息呢？

1. 认可并关注对方的情绪，多点理解

人一旦产生了内在情绪，不仅需要被认可，还需要被关注和理解。当你发现对方有了情绪后，就要及时认可并关注对方的情绪感受，而不是去关注引起对方情绪的"那件事"，给予对方多点情绪上的理解和安慰。

如当对方提出的要求并不符合你设定的谈判条件时，一定要先顾及当时的情境，比如对方当时的情绪反应、是否有其他人在场等，以免给对方带来尴尬。无论对方的情绪是悲伤还是愤怒，都应该先表示理解，多点倾听，多点体谅；待对方情绪稍有平复后，再根据对方之前的反映予以委婉的分析和安慰。

2. 审时度势，多说体谅的话

当你的谈判团队与对方产生正面冲突或情绪大爆发时，急着去维护你的团队，说些不合时宜的话，更容易引爆对方的情绪，这时，任何解释都会被看成是"冲动"的。因此，要高情商处理谈判僵局，要学会审时度势，在对方或己方成员出现矛盾时，多说体谅的话。

如"我能理解你们这么说的原因""你们提出的观点，我都认同，我也是这么想的""你们提出的条件有一定道理"之类的，让对方知道你在冷静分析和体谅其处境，从而缓解当下的坏情绪，回到谈判的正轨上。

3. 准确、及时地判断出对方的感受

要准确、及时地判断出对方的感受，就需要你对情绪感受上有比较好的认知能力，要清楚分析对方当时的情绪感受是疲惫、生气、失望、郁闷、恼怒等。这就要求你在平时的场合中

多留意细节，多关注对方感受，多锻炼，多总结。

比如看到对方眉头紧锁时，可以考虑也许是己方提出的条件让对方难堪，这时你及时主动询问对方的感受："请问这个条件是否符合您的既定要求？如有任何问题，都可以随时提出协商。"对方会有一种被重视、被关注的感觉，认为你与之有情商上的共鸣，从而对你敞开心扉，大谈自己的感受。

4. 语速缓慢，语调温柔

到了不得不说拒绝的时候，最好看着对方的眼睛，诚恳地致以歉意，真诚地表达你拒绝的原因，必须清晰说明，不要含糊其辞，要让对方感觉到这是你不得已而为之的决定。同时，在表达时，语速要放缓，语调最好保持低沉，把拒绝的意思藏在你温柔的话语里，带到对方的耳边，让其愉悦地接受。

另外，可以多加些语气词来帮助语气的强调，如"真对不起，我尽力了""我也很想答应您的条件，可是真没办法""我也并不是不想让步，只是……"

记住，不要反过来跟对方诉苦，应向其表达积极的信息，尽量将对方带离充满消极情绪的环境，顺势进入下一个谈判环节。

5.保持热情、体贴

即使到了谈判僵局，双方情绪已被消磨得差不多，也要保持谈判的热情，不要给对方你"已经放弃"的错觉，也不要给对方"你已经疲惫"的感觉，这样的消极引导容易影响谈判的进行。即便双方已经精疲力竭，或对方提出的过分条件让你"瞠目结舌"或有点恼怒，也要保持热情周旋下去，这也是对对方的一种尊重。

同时，继续保持你对对方感受的体贴，如"您需要来杯咖啡吗""您需要添水吗""空调是否需要调高一点""您也累了，是否需要休会一下"等细节关注，无疑会为你的人格魅力加分。但要注意最好把这种体贴进行到底，让其内化于你的谈判素质中。

6.寻找共同话题，制造共鸣

两个人之间有共同点，则容易产生天然的共鸣，而兴趣爱好更能让双方迅速找到共同的话题,快速拉近彼此的距离。因此，在谈判之前，最好先从各种渠道，如对方的微博、微信朋友圈或对方企业官网等最新消息去发现两人的共同点，以共同点为话题展开谈判，就很容易在谈话时引起共鸣，而且可以此为契机，让对方对你敞开心扉，制造谈判深入的有利条件。

比如你发现对方喜欢打高尔乎球，你也正好是同好，就可以问他参加过哪些比赛、成绩怎样等，一下子就能找到沟通的话题；如对方喜欢收集邮票，即使你平时不玩邮票收集，也可以以"我的朋友也有收集邮票的兴趣"来吸引对方聊下去。

你给对方留面子，对方给你好脸色

很多时候，我们都会有这样的感觉，我们自己可以吃闷亏，也可以吃明亏，但就是不能吃"没有面子"的亏。想要在职场生存下去，并在谈判场合活得更久，就必须懂得"留面子效应"。在谈判过程中，怎样恰当运用面子理论是至关重要的。

在心理学当中，人们把由于保全他人的面子而产生的心理积极变化的现象称为"留面子效应"。换句话说，我们经常给别人留面子，自己也才会更有面子。在人际冲动过程中，它其实也包含了这样一种意思：你给别人面子，那么你们就有了和解的可能性。如果人们在交往中想要互相合作，那么说话时就要在保留面子方面进行合作。

社会心理学家认为，人们在拒绝别人的要求时（无论大要求、小要求），会感到自己没有能够帮助别人，辜负了别人对自己的期望，损害了自己富有同情心、乐于助人的形象，会感到内疚。这时，如果对方再次提出一个小要求，人们为了恢复在别人心目中的良好形象，也为了达到一种心理上的平衡，便会欣然接受。造成这种现象的原因，心理学上称为"留面子效应"。

有一个实验，研究人员将参与实验的大学生分成两组，对于第一组大学生，研究人员要求他们带领少年去动物园玩一次，需要两个小时，但只有1/6的学生答应了这个请求。对于第二组大学生，研究人员首先请求他们花两年时间担任一个少年管教所的义务辅导员，这是一件费时费力的工作，几乎所有大学生都谢绝了。他们接着提出了一个小的要求：让大学生带领少年去动物园玩两个小时，结果有一大半的学生答应了。

汉王四年，韩信平定了齐国，齐国人蒯通认为天下的胜负取决于韩信，就对他说："你的'面'，不过是个诸侯；相你的'背'，却是个大富大贵之人。当时，刘、项二王的命运都悬在你手上，你不如两方都不帮，与他们三分天下。以你的贤才，加上众多兵力，还有强大的齐国，将来天下必定是你的。"

韩信说："汉王待我恩泽深厚，他的车让我坐，他的衣服让我穿，他的饭给我吃。我听说，坐别人的车就要分担别人的灾难，穿别人的衣服就要思虑别人的忧患，吃别人的饭就要誓死为别人效力。我与汉王感情深厚，怎能为了个人利益而背信弃义！"

通晓人情，"己所不欲，勿施于人"也是一种表现。韩信顾全刘邦的面子，在有背叛之心时产生愧疚感，不忍去做，这是"留面子效应"在起作用。

在谈判过程中，由于谈判双方不可避免地存在利益方面的分歧，就难免出现威胁面子的行为。参与谈判的人员不可能置身事外，所以威胁面子的行为即将影响谈判进程或结果时，谈判人员应在面子理论的指导下做出一些适当的调整。

卡耐基在谈及沟通的三个原则时指出，在这三条原则当中，其中最重要的一条原则就是"给人面子"。正所谓"人活一张脸，树活一张皮"，在谈判桌上，别人犯错，我们对其进行适当的批评是可以的，但必须注意方式方法，否则容易伤害别人的自尊，使人心生不悦，影响整个谈判进程的推进，甚至导致谈判破裂。

在平时工作生活的交往中，如果你给足别人面子，留给别人面子，那么别人也会照样回馈给你。那么，在职场谈判中，我们该如何做一个有"心机"的人，懂得巧妙保住谈判对象的面子呢？

1. 给对方尊严，从不把话说绝

明智的谈判者在与对方沟通交流中，从不把话说绝，给对方足够的尊严，给自己留有退路，实际上也是为自己赢得面子，从而让谈判的氛围更加融洽。

2. 设法给对方一个台阶

当你想去理解对方或者改变对方的看法和做法时，要设法给他一个台阶，让他的自尊心能够维持平衡，这样对方在心情愉悦、感觉受到重视的前提下，会更多去考虑你的建议。

3. 委婉指出对方的不是

当对方提出的条件不公平或者表述不正确时，公开、直接地指出其不是，往往会让谈判陷入尴尬的境地，甚至让对方恼羞成怒，终结谈判。巧妙、委婉，或举实际案例来指出其不是，对方的面子不受伤，接受的程度会高很多。

4. 多赞美对方

诚心地赞美对方一个实际的地方，如衣服搭配、工作效率、某个细节的处理等，都能让对方"长"面子，进而心情愉悦，对你产生一定的好感，甚至放下戒备心理，顺势进入你设下的谈判局。

5. 不得意忘形

不要当众出别人丑，不要当众揭别人短。赢了，不要赢得太多，因为一次的输赢不是你的最终目的。总之，得意的时候不要忘形，不管面对的是大人物还是小人物。

6. 注意你的动作

一个不屑的眼神、一种难听的腔调、一个不怀好意的手势，都有可能带给对方不好的暗示，损伤对方的面子，打击其自尊心，让他对你充满敌意。因此，在谈判桌上，应尽量避免一些可能产生歧义的工作，如用手指指别人、用高音调表达、轻蔑对方等。

人人都爱面子，当一个人自我受到威胁时，往往会像刺猬一样充满敌意。精明的谈判者往往都善于顾全双方面子，有一种控制自我情绪的习惯，表现出极大的忍耐性，并能克制、谦虚地表示自己的意见。他们常用"据我了解""我认为""是否可以这样"等委婉的说法来阐述自己的真实意图。这种态度会使本来相对敌视、相互僵持的谈判气氛变得融洽。

因此，想斡旋于谈判场合，必须要做一个有"心机"的人，懂得恰当保住别人的面子，这不仅是给别人自尊，也是给自己加分。

主动退让，是有原则的进攻

有句俗话说得好："多个朋友多条道，多个敌人多堵墙。"这个道理在职场中也是适用的。要想在职场中站稳脚跟，就不要与人结怨，杜绝树敌，学会有智慧的退让策略。

《菜根谭》中说："处事让一步为高，退步即为进步的根本；待人宽一分则福，利人实利己的根基。"中国传统的道家思想主张做人要"外圆内方"，老子的《道德经》也建议我们做到"挫锐解纷，和光同尘"，要学会和周围的人打成一片，做到大智若愚。在职场中，不论面对的是财务、秘书、人事、邻桌同事、电脑管理员，还是领导心腹等，都要小心翼翼、如履薄冰，做到主动退让，不得罪任何人。

正所谓"退一步海阔天空"，在商务谈判过程中，在准确理解双方利益的前提下，努力达到双方互利共赢是谈判顺利的关键。但在解决一些实际的涉及利益的问题时，双方难免陷入尴尬局面，这时，同样可以恰当使用主动退让的方式来实现以退为进的谈判策略。

例如，与对方意见不合时，一定不要冲动地"压"对方一头。在谈判桌上，意见不合的情况很多，完全没有必要争吵，也不要非占上风不可。实际上，争吵中没有胜利者，即使你滔滔不绝地证明了自己的观点，口头上胜了，但对方也未必会对你心服口服，反而会对你的猛然进攻心怀怨恨，甚至导致谈判破裂。不懂得主动退让的人，一味地抨击他人只是证实了自己的谈判能力，收获的却往往是冲突、敌意和谈判败局，这并不是高情商的谈判策略。

清康熙年间，安徽桐城县两户人家发生了地界纠纷。这两家一户姓刘，一户姓叶，他们是邻居，因为一堵墙闹得不可开交。他们大院的宅地都是祖上的产业，时间长了，就不清楚自己家的宅院到底有多大。这两家为此争执起来，谁也不肯退让。

当朝宰相张英是姓刘的那户人家的亲戚，由于此事牵涉到张英自身，官府和其他人都不愿意招惹是非。一时之间，这件事不但没有解决，纠纷还越闹越大。于是，姓刘的那户人家写信告诉了张英，想倚仗张英的权势解决这件事。

张英看过来信，只是笑了笑，挥起笔来，写了一首诗，交给来人，命他快速带回老家。

家里人看见张英的回信，还没打开就洋洋得意，以为张英一定会用强硬的办法夺回土地，或者提出锦囊妙计。于是，他们连忙打开书信。没想到，里面是一首打油诗："千里家书只为墙，让他三尺又何妨。万里长城今犹在，不见当年秦始皇。"刚看完这首诗，刘家人很不高兴，但是仔细想了想，就明白了这首诗的真正含义。

第二天，刘家人立即将自家的围墙拆让了三尺，重新砌了起来。乡亲们听说这件事后，纷纷称赞张英和他的家人胸襟宽广、态度旷达。

刘家的忍让行为也感动了叶家人。经过商量，叶家也一致同意把自家的围墙向后退三尺。争端就这样平息了，他们两家之间也空出了一条巷子，后来人们将这两家之间的这条巷子称作"三尺巷"。

张英是一人之下、万人之上的宰相，权势显赫，但如果在处理这件事时，他利用自己的权势，只会加深两家的矛盾，而且容易引起地方百姓的不愤。能屈能伸、有进有退是成功谈判的必要条件。凡事不能过于坚持，该退让的时候就要退让，"让一步，宽一分"，以这种态度去处理谈判中出现的各种难题，也是一种高情商沟通技巧。

当然，职场谈判中的主动退让并不是指自己一味追求"以和为贵"而放弃自己的利益、动摇自己的立场，这种让步不是没有原则和规则的，需要灵活掌握其中的章法，不然可能会被对方击穿谈判前设定的标准和底线。

况且，盲目、冲动地争执进攻，为双方利益争得脸红耳赤，只会让谈判陷入尴尬的局面，影响双方谈判的情绪。学会主动退让、迂回行进，用平和的语气把话说到关键处，照样能够在谈判桌上有所斩获。

在谈判双方出现利益冲突而无法用其他方法调和时，灵活巧妙地使用主动让步策略，将对谈判进程起到重要的作用。要做到高情商让步，可以参考以下原则。

1. 在适当时机作出适当让步

高情商的让步策略要求在适当的时机和场合作出适当、适时的让步，使谈判让步的作用发挥到最大、最佳。然而，这种时机难以判定，例如谈判对方对让步的时机没有达成一致；谈判者仅仅根据自己的想法使用让步策略，而不顾及所处场合、谈判进展情况等因素，使得自己在谈判中失去主动权。因此，使用让步策略前，必须综合多方面因素，谨慎考虑。

在谈判中要注意的是，让步应该是越来越慢的。也就是说，第二次让步到第三次让步的时间要比第一次让步到第二次让步的时间长。如果不巧妙把握好让步的时间，对方会认为你的让步很容易，反倒可能增加他的期待，进而增大其"胃口"。

2. 以退为进，把握好让步幅度

举一个例子，平时购买家具的时候，经常会碰到这种情况，对方出价 1.3 万元，然后让步到 1 万元，再到 9000 元，再到 8500 元。对方让步的幅度是 3000 元、1000 元、500 元，让步幅度是递减的。

这样给消费者造成的感觉是：你的让步越来越难了，越来越接近底线了。若反过来看，你先让步 500 元，再到 1000 元，再到 3000 元，消费者就会认为你的让步是容易的，越到后面的谈判，越会认为你还有更多让步的空间。

因此，在谈判时也要做到让步幅度递减，把握好让出的第一步。一般来说，第一步让步的幅度是最大的，后面慢慢递减，这样设置的价格梯度就比较合理，给对方制造"假"的价格底线，以退为进，才有利于掌控谈判局面，赢得主导权。

3. 退让也要守住自己的底线

在谈判时，对一些无伤大雅的细节不能太过较真和强硬，能忍就忍。对于对方提出的无理要求或得寸进尺的条件，若超出了我们的底线，不符合己方一开始设定的谈判目标，就要予以巧妙的、灵活的还击。

俗话说："忍无可忍，无须再忍。"当己方利益受到严重侵害时，就不要以息事宁人的态度处理问题，有时候，过度的忍让反而会助长小人"咄咄逼人"的态度和不断膨胀的侵犯心理。但要注意，还击的态度必须是委婉的，反驳的理由必须是充分的，防守的方式必须是灵活的，才不会触犯到对方的情绪，影响谈判。

4. 多几分谨慎，多反省自身

在谈判桌上，若对方对你怀有敌意时，不必愤愤不平，不妨先主动退让，转变态度，对自身进行一番反省，回想自己在谈判过程中是否说了刺耳的话或触犯对方的言辞，想想自己是否有一些不好的肢体语言致使对方产生误会等，总结经验，以便在接下来的深入谈判中采取合适的策略去应对。

5. 迫不得已，此失彼补

如果面对迫不得已的情况，己方不得不作出让步，就必须把握"此失彼补"这一原则，即这一方面（或此问题）虽然己方作出让步，或给予对方适当优惠，但另一方面（或其他地方）必须均等，甚至加倍获取相应回报（以弥补先前的让步）。

6. 明确让步的标准

在让步前，必须清晰明确让步的标准、让步的对象、让步的理由、让步的具体内容及实施细节等，避免新的问题和矛盾。若让步标准不明确，容易使对方对于你提出的让步标准产生错误的理解，并引发歧义和新矛盾。若表达的内容不清晰、态度不明确，容易让对方误会你并不是在让步，反而把你表达得不清晰的点作为把柄，让你陷入尴尬之地。

谈判中的让步，要求谈判者准确把握时机、灵活选择方法、巧妙掌握分寸，要经过缜密思考、通盘衡量、步步为营，做到恰到好处，既要保证自己的利益没有大的损失，又要使对方尝到甜头，让谈判向着有利于己方利益的方向继续推进。成功让步的策略和技巧表现在谈判的各个阶段。因此，在谈判之前，提高自己对于让步策略的运用技巧，才能让你的谈判无往而不利。

团队协作，打一场漂亮的舌战

我们处在一个越来越商业化的社会时代，生活需要谈判，企业需要谈判，社会需要谈判。要达到谈判目标，只依靠本身显然不可能，需要借助外界的人和事物来完成，要沟通、交流、推介、协调、说服。可以说，谈判无处不在。

自从 1994 年斯蒂芬·罗宾斯首次提出"团队"的概念，关于"团队合作、团队精神"的话题就风靡全球。团队就是为了实现某一目标而由相互协作的个体所组成的正式群体，自觉自愿、有凝聚力的团队必将会产生一股强大而且持久的力量。

在职场中，团队合作能产生"1+1>2"的效果。在一个大集体里，干好一项工作，占主导地位的往往不是一个人的能力，而是各成员间的团结、协作与配合。随着知识经济的到来，职场竞争日益激烈，关系着企业生存的职场谈判更需要人与人之间的合作。

也许大家小时候都听过三个和尚抬水喝的故事：当庙里有一个和尚时，他一切事情自己做主，做得很自在；当庙里有两个和尚时，他们通过协商，可以自觉进行分工合作，同样做得不错；可当庙里来了第三个和尚时，问题就出现了，谁也不服谁，谁也不愿意干，结果就是大家都没有水喝。

这个寓言故事，提醒着我们团队协作的重要性。其实，这个寓言也可以看成一个谈判项目管理的案例。同样去洽谈一个项目，缺乏协作精神的团队去谈，结果还不如个人独立工作或者作为合作双方订立契约。个人的能力有限，在谈判一个项目时，就必须建立一个由多人组成的项目组。这个项目组是否能够和谐地进行团队协作，将决定这个项目能否谈判成功。

俗话说："众人拾柴火焰高。"企业在激烈的市场竞争中要想占领一席之地，必须发扬团队精神。诺贝尔经济学奖获得者莱因哈特·赛尔顿教授有一个著名的"博弈"理论："假设有一场比赛，参与者可以选择与对手是合作关系还是竞争关系。如果合作，就可以像鸽子一样瓜分战利品；如果互相竞争，则会像老鹰一样互相争斗。胜利者只有一个，而且即使是获得胜利，也要被啄掉不少羽毛，两败俱伤。"现代社会追求的是团队协作精神，在合作中谋发展。不论对个人还是公司，单纯的竞争只能导致关系恶化；只有互相合作，才能真正做到双赢。

很多大型的、重要的商务谈判往往高度紧张、复杂多变，需要大量信息资料和多方面的专业知识，其往往不是某个谈判者单枪匹马就能完成的。即便是经验老到的优秀谈判者，在面对对方多人谈判时，也难免会出现一些表达失误，或在某些问题的论证上准备不够充足，或在谈判陷入僵局时无法及时转移风向，就会使整个谈判局面陷入被动。

当谈判项目比较复杂、涉及范围较广、专业要求较高时，想赢得谈判优势，就需要组建一个结构合理、高质高效的谈判团队。可以说，强有力的谈判团队是赢得谈判主导权的关键。

那么，该怎么组建并带领好这个谈判团队，为之后的舌战创造有利条件呢？

1. 注意求同存异，善于发掘闪光点

俗语云："世上无二我，除非两个我。"团队中每个人的性格、能力、专长都不同，应充分利用好团队的合力。虽然谁都喜欢别人赞同自己，不同的声音听起来总有点刺耳，但这些不同的意见往往是最珍贵的。接受各个成员不同的意见和观点，善于发掘他们每个人身上的闪光点，并加以利用，则能为每场谈判赢得优势。

团队成员的技能是相互补充的，把不同知识、技能和经验的人组合在一起，形成角色互补，从而达到整个团队的有效组合。如有的成员注重细节，擅长分析对方的弱点；有的性格爽朗，说话强势，表达时能做到有理有据；有的性格较内向，但遇到难题能及时冷静分析并找到突破点；有的表达能力强，善

于说赞美的言辞等，这些都是每个成员的亮点，应巧妙利用好。

2. 给予充分的信任

人与人之间要互相信任，这是团队良好沟通的基础。要大胆放权给团队的成员去干，充分信任他们的能力，给他们谈判的勇气。

当团队成员对自己的谈判观点有所怀疑时，其他人要及时表示肯定和鼓励，认同他们提出的观点，让他们有信心完胜这场"战争"。当他们的谈判点被对方否定或遭到对方攻击，甚至出现失误时，都不应怀疑他们的能力，要及时表示你的鼓励与信任，消除他们的焦虑与紧张，并有助于团队冷静分析、调整布局。

3. 耐心倾听团队的声音

在日常工作中，给每个成员发声的机会，让他们能自由地、勇敢地表达自己的想法，不要一开始就予以否定，应尊重每个人的观点。如此，在自由、融洽的氛围下，成员往往更能发挥个性、挖掘自我，给你新颖的、特别的、有攻击力的谈判点。

4. 朝同一个目标去努力

谈判前，必须明确团队的目标与组织保持一致。谈判的目标明确，每个团队的成员都必然信奉同一个目标，并在谈判中为之努力。同时，有共同的谈判目标，才能使团队中的每一个成员各司其职，获得明确的目标和方向。如果一个谈判团队不能确定一个明确、具体的目标，或者具体目标和整体目标毫无关系，那么整个团队会因此变得涣散、没有凝聚力。

因此，当谈判遇到困境时，耐心倾听、认真分析每个团队成员的声音，往往更容易找到突破点，拿回主导权。

5. 给予应有的效益

在现代化职场中，以经济尺度来衡量个人付出，已经被人们普遍接受。成员利益和团队效益挂钩从另一侧面来说也是对团队成员付出的认可，能够使成员对团队产生更大的认同感，并继续为之效力。

谈判是一种合作式的努力，就像在一场横越海洋的竞赛中，一群划艇队员团结合作、努力不懈，就是为了使他们的船能创下航行速度的纪录。

谈判团队的管理涉及很多方面，但团队成员间的合作则几乎是所有谈判团队管理模式的核心内容。坚持团队协作的整体性，不仅能在气势上给对方以压迫感，在拓宽谈判思路、设法争取应得的利益方面；团队协作还能组成一股合力，强势扭转谈判局面，赢得博弈优势。

学会扮演黑白脸，引对方入套

谈判的重要性不言而喻，大到国家间的谈判，小到个人生活的谈判，可以说与我们的生活息息相关。做生意需要与人打交道，需要谈判；做销售的人需要和消费者讨价还价……

可事实上，大部分人都不懂谈判，面对"砍价高手"也不知道如何去应对，导致自己在生意、职场、生活中总是陷入困境，每次吃哑巴亏，只能提醒自己下一次要注意，可是下一次依旧如此。懂得一定的谈判策略，无异于给我们的人生一个漂亮的回击。

黑脸—白脸策略是谈判中很常用的一种技巧，成功率高，而且容易掌握。如客户对你说，他很想和你达成这笔生意，但是他的领导不满意，甚至将领导不满意的地方偷偷告诉你，说领导希望你把报价下调，还表现出他实在很想和你合作，却有心而无力的无奈。这时，你以为这位客户和你站到了同一个阵营里，以为他是真心在促成谈判。然而，他和他的领导只是在使黑脸—白脸的心理策略，引你入套而已。

比如在卖场里面，我们购买家用电器的时候，当谈论到价格或者赠品，实在僵持不下的时候，导购会说："这样吧，看您也是诚心想买这款冰箱，我也有心想卖给您。我现在打电话请示一下我的主管吧，看看能否八折给您。"接着，导购就开始打电话，或者微笑地告诉你："主管同意了。"或者无奈地告诉你："实在没有办法，请问您能否加点？我争取打个九折给您。"其实，这也是在使用黑脸—白脸策略。

有时，这种策略并非上下级关系才能应用，平级之间也完全可以。比如在一场谈判中，一位特别挑剔，全程黑着脸，另一位就特别宽容，亲切友善，那么，他们很可能也是在使用黑脸—白脸策略。往往一个虚张声势，一个稳若泰山；一个看起来无比邪恶，一个看起来无比善良。

谈判中使用的黑脸—白脸心理策略，也就是脸谱原理，也称"软硬兼施"策略。心理学家认为，黑是痛苦，是压力；白是快乐，是放松与希望。当人的情绪在压力与放松等状态下上下波动时，就容易出现理性谈判失误。运用黑脸—白脸策略也一样，一会儿给你制造压力，让你紧张，一会儿给你希望，让你放松，这样循环反复，消耗你的谈判精力，让你的情绪上下波动，打乱你的谈判节奏，从而诱导你做出错误的谈判决定。

黑脸—白脸策略一般多用在竞争性的团队谈判中，只要是"压迫"对方接受本不想接受的条件，带有一定的欺骗性。该策略的核心在于通过制造一些差异，让自己既有回旋的余地，也引对方进入了适当的界限中。使用黑脸—白脸策略，可以让对方既有安全感又有紧迫感，在慌乱的状态下就很容易动摇原有的想法。

那么，在职场谈判中，该如何巧妙应用黑脸—白脸策略为自己加油助力呢？

1. 表演要有章法，不可乱

进入黑脸—白脸策略分配的角色当中，犹如演戏，如你是扮演友善角色的，一切表情、言语都要体验出温和、理解他人的感觉，表演痕迹不可以太过明显，如被对方直言识破，就会陷入僵局。

因此，表演要有章法，不能打乱节奏，失去控制。在进入角色前，应提前分析好自己扮演的人物的特点，把握好分寸，做到心中有数。

2. 角色分配因人而异

在使用黑脸—白脸策略前，恰到好处的角色分配，可以利用好每个人的优势，赢得谈判主导权。例如，性格温柔、和善的人，较适合扮演白脸，带有"天然"的亲和力。性格刚硬、暴躁的人，只适合扮演黑脸，其自带的"杀气"能控制全场。

3. 黑白搭档，运用好双方优势

有黑就有白，有白就有黑，这两个在谈判的时候是不能分开的。如果只有黑（恶者）在谈判中，容易造成双方谈判情绪失控，造成僵局或尴尬，谈判很难继续下去；如果只有白（善者），一味"甜言蜜语"或"温柔相待"，就不能给对方制造压力，对方更不会让步，也许反而会得寸进尺。

黑脸经常用的是离席策略，准备随时拍桌走人，表示终止谈判。这个时候，白脸就要打圆场，并把黑脸拉回来继续谈，打造出"好人"的形象，让对方主动亲近白脸，对其放下戒备心理。

如果对方采用黑脸—白脸策略，你又该如何应对呢？通常有两种应对方式：不理不睬或直接点明对方的策略，让对方意识到策略失败。